KB269515

이 시대의
신중년이 사는 법

신중년, 당신은 어디로 가고 있는가?

이 시대의 신중년이 사는 법

더블와이파파 지음

크록

신중년의 삶을 어떻게 열어갈지 고민하던 때, 작가님을 만났습니다. 익숙함에 머무르지 않고 새로운 도전을 향해 나아갈 수 있도록 따뜻한 길잡이가 되어주셨습니다. 나이듦은 멈춤이 아니라, 삶이 한층 깊어지는 또 한 번의 기회임을 배웠습니다. 이 책은 인생의 후반전을 가장 빛나게 살아갈 수 있도록 용기와 방향을 일러주는 든든한 안내서입니다.

– 50대 신중년, 샤인오름(김영란)

55세의 나이에 막내라 불릴 수 있는 곳, 그건 작가님이 만든 신중년 커뮤니티뿐이다. 내 나이는 분투의 40대도, 은퇴의 60대도 아닌 불안과 준비 사이에 놓인 세대다. 그런 나에게 작가님은 다정하게 말한다. "지금의 속도도 괜찮아요." 그리고 부드럽게 방향을 일러준다. 선배들의 전자책 출간 소식을 들을 때마다 나도 언젠가 그 대열에 설 수 있겠다는 희망이 자란다. '이분은 정말 못 하는 게 없구나.' 작가님의 행보가 곧 신중년의 길을 밝히는 등불이 된다.

–50대 신중년, 손균관(손민경)

이 책은 마흔의 통찰로 베스트셀러를 쓴 작가가 다시 선보이는 인생 후반전의 지혜서다. 글쓰기와 소셜미디어를 통한 성장과 자기 발견의 여정 속에서, 신중년에게 새로운 가능성과 용기를 전하는 든든한 동반자가 될 것이다.

– 50대 신중년, 인생클래스(이강호)

작가는 신중년의 불안을 따뜻하게 어루만지며, 막연한 인생 후반전의 지도를 구체적으로 펼쳐 보인다. '제2의 시작'을 진심으로 응원하는 힘 있는 메신저다. 배우고 나누는 삶의 가치를 일깨우는 이 책은 새로운 도전을 꿈꾸는 모든 이의 길잡이가 될 것이다.

-50대 신중년, 축복라온(이영희)

작가(더블와이파파)는 인생 2막을 시작하는 신중년에게 친구 같은 선생님이다. 나에게는 블로그 세상의 담임선생님이기도 하다. 어둡고 캄캄한 길에서 글쓰기를 시작하며 위로와 소통을 배웠다. 이 책 속에는 늘 다정한 선생님의 목소리가 담겨 있다.

– 50대 신중년, 부자꿈쟁이(최현미)

여름 앓이를 지나 탐스러운 가을 앞에 서 있다. 내 인생의 여름도 강물처럼 흘러 어느덧 중년의 가을이 되었다. 흩어진 조각들을 맞추듯, 이 책이 내 길을 안내해 주는 것만 같다. 책갈피에 고운 낙엽을 끼워두고 오래 간직하고 싶다.

– 60대 신중년, 녹주고우(성계순)

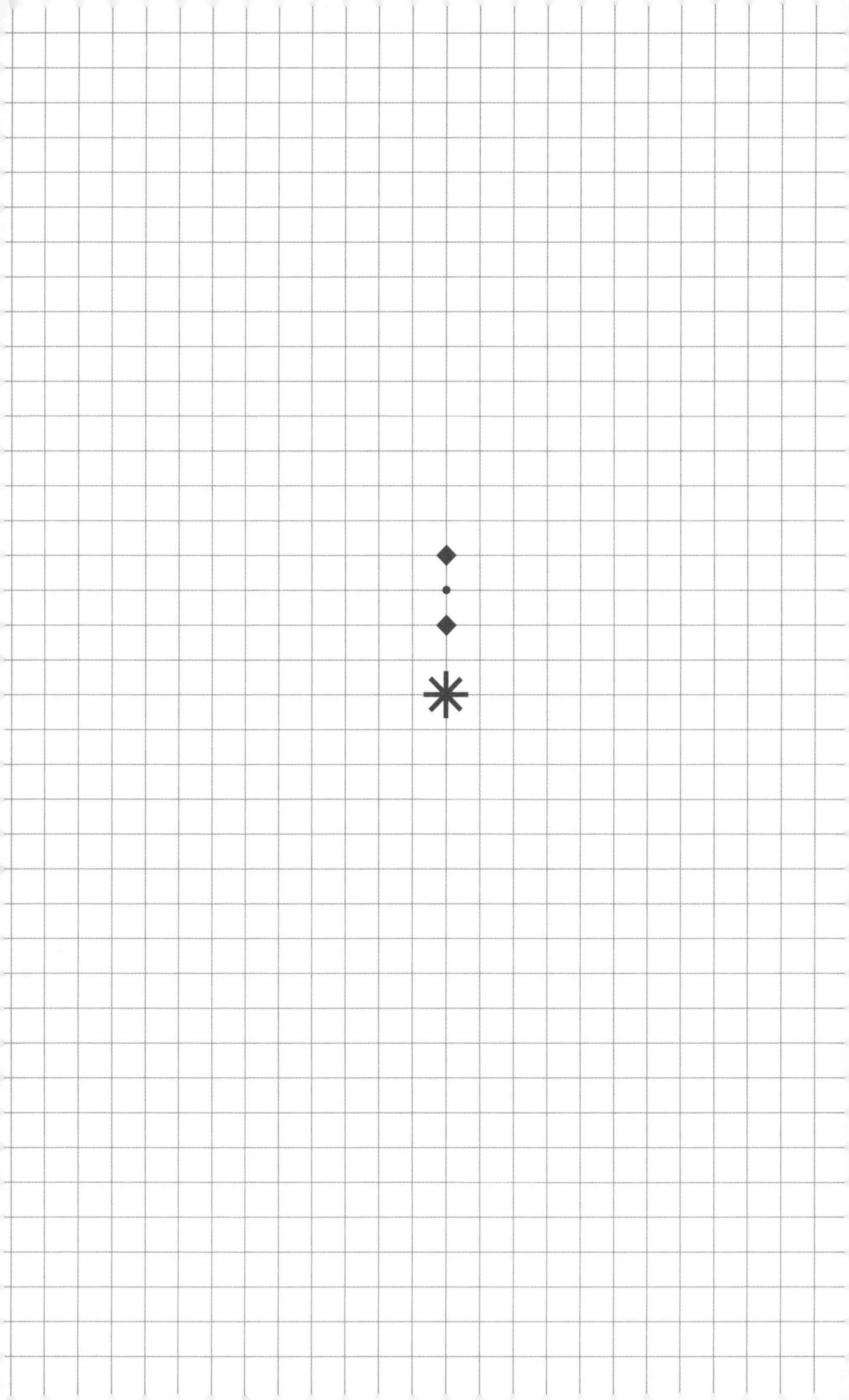

프롤로그

나는 아직 신중년 세대가 아니다. 이제야 마흔을 지나고 있는 내가 신중년을 이야기한다는 게 다소 낯설게 느껴질 수도 있다. 하지만 나는 대한민국 40대 중 누구보다 신중년을 가까이에서 바라보고, 가장 잘 이해하고 싶은 사람이다. 그 목표를 품고 온·오프라인에서 수백 차례 강의를 해 왔다. 대상은 늘 같았다. 오직 신중년. 나는 그들의 삶과 고민, 그리고 미래에 집중하며 시간을 쌓아왔다. 이 책은 그 과정에서 만난 신중년들의 이야기이자 그들이 흘린 땀과 눈물, 그리고 성장의 기록이다. 나의 시간과 맞바꿀 만큼 소중했던 그들의 삶을, 내 경험을 더한 시선으로 담아내고자 한다.

마흔을 살아가는 나는 여전히 눈앞의 오늘을 버텨내는 데 집중하는 경우가 많다. 그러나 신중년을 만나며 깨달았다. 진짜 고민은 '오늘을 어떻게 견딜까'가 아니라 '앞으로의 시간을 어떻게 살아갈까'라는 질문이라는 것을. 퇴직을 앞둔 막막함, 자녀의 독립에서 발생하는 공허함, 사회가 점점 나를 필요로 하지 않는 듯한 느낌, 예전 같지 않은 몸의 변화. 그 모든 현실 속에서 분명한 사실은 하나였다. 인생의 후반전은 이제부터 시작이라는 것. 나이라는 숫자에 갇히지 않는다면 오히려 새로운 길을 선택할 수 있는 시기가 찾아온다는 것. 남은 30년, 40년의 삶을 어떻게 살아갈지는 이제 우리의 몫이다.

그래서 나는 '신중년'이라는 단어를 좋아한다. 단순히 중년 그 자체가 아니라 새롭게 도약하는 중년을 뜻하기 때문이다. 신중년은 나이나 특정 시절로 구분하기보다 도전 정신을 유지하고 자신을 가꾸며 적극적으로 살아가는 태도로 보아야 한다.

이 책에서 나는 신중년을 55세부터 75세까지로 정의하기로 했다. 그 나이대의 수많은 사람 속에서 나는 공통된 모습을 보았다. 누구보다 자기 삶을 가꾸고 진취적으로 사고하며 여전히 성장하려는 태도. 결국 신중년은 나이의 문제가 아니라 삶을 대하는 태도의 문제다.

나는 지난 2년간 수많은 신중년을 만났고 강의로 소통하며 글쓰기를 통해 그들의 이야기에 가까워졌다. 가까이에서 그들의 고민을 듣고, 함께 글을 쓰며 성장하는 과정을 지켜보았다. 그 속에서 나 또한 조금씩 자라고 있었다.

첫 번째 책 『마흔에 깨달은 인생의 후반전』을 마치며 이미 다음 책을 구상하고 있었다. 집필과 퇴고의 과정은 쉽지 않았지만 처음부터 한 권으로 끝낼 생각은 없었다. "1년에 한 권씩 쓰는 작가가 되자.", "쓰면서 더 나아지는 작가가 되자.", "비판이 있더라도 성장의 밑거름으로 삼자." 그렇게 다짐했다. 글을 쓰는 사람은 고민에 익숙해지고, 고민에 익숙한 사람은 결국 성장할 수밖에 없기 때문이다.

『마흔에 깨달은 인생의 후반전』은 기대보다 큰 사랑을 받았다. 나의 이야기뿐 아니라, 대한민국에서 60대 신중년으로 살아가는 15명의 진솔한 삶을 함께 담았기 때문이다. 첫 번째 책을 집필하면서 이건 나만의 기록이 아니라 함께 만들어 가는 기록이라고 생각했다. 한 분 한 분의 이야기를 담기 위해 동의를 구했고, 더 깊고 진솔한 순간을 책 속에 담으려 애썼다. 다행히도 독자들은 그 진정성을 알아주었다.

첫 번째 책이 나 자신과 신중년을 연결해 주었다면 이번 책을 통해서는 나를 한 걸음 더 나아가게 만들고자 한다. 이 시대 신중년으로 살아가기 위해 꼭 필요한 태도와 길잡이를 제시하고자 한다. 신중년의 이야기를 통해 독자들이 더 좋은 길을 찾을 수 있기를 바란다. 그리고 이 책을 덮는 순간, 마음속에 자신만의 분명한 길을 발견하게 되리라 믿는다.

내 나이 마흔다섯. 어쩌면 다른 신중년에게 나는 '아들뻘 친구'였을지 모른다. 그런데도 그들은 나를 받아주었다. 덕분에 나는 신중년의 세계를 배울 수 있었고, 그들의 고민을 더 깊이 이해할 수 있었다. 이제 이 책을 통해 내가 바라본 신중년의 표상을 제시하고 싶다. 방황하는 신중년에게 작은 빛을 비추고 싶다. 이 책이 그들에게 새로운 길을 안내하는 나침반이 된다면, 그것만으로도 충분하다.

이제 이 시대의 신중년은 앞으로 자신이 걸어가야 할 길을 주목해야 한다. 그리고 그 첫걸음을 당신과 함께하고 싶다.

차례

1장

신중년,
새로운 시작을
선언하라

1장에서는 신중년의 정체성을 새롭게 규정하고, 삶의 중반을 맞이한 이들이 자신을 어떻게 바라봐야 하는지를 탐색한다. 단순한 '역할'이 아닌 '존재의 관점'에서 신중년을 다시 정의하려 한다.

✳

퇴직은 끝이 아니라
또 다른 출발점이다

한때 '퇴직'은 인생의 마침표처럼 여겨졌다. 사회에서의 역할을 마쳤으니 이제는 쉬어야 한다는 인식이 강했다. 하지만 시대는 바뀌었다. 기대수명이 늘어나면서 50대, 60대는 더 이상 노년이 아니다. 오히려 새로운 도전과 기회를 만들어 갈 수 있는 두 번째 성장의 시기다. 누군가는 60대를 '세 번째 스무 살'이라 부르고, 또 누군가는 '노년의 시작'이라 말한다. 같은 나이지만 전혀 다른 정의가 붙는다. 인생을 바라보는 태도에 따라 이 시기는 청춘의 연장선이 될 수도, 그저 내리막길을 바라보는 시간이 될 수도 있다. 결국 삶의 무게를 어떻게 받아들이느냐는 남이 아닌 나의 몫이다. 내 삶의 가치는 남이 정하는 것이 아니라 내가 정하는 것이다.

'신중년'이라는 단어를 처음 들었을 때 '신세대＋중년'의 합성어처럼 느껴졌다. 그래서인지 자연스럽게 새로운 것을 추구하는 중년의 이미지가 떠올랐다. 1970년대 한국인의 기대수명은 60세 초반에 불과했지만 2025년 지금은 80세를 훌쩍 넘는다. 불과 반세기 만에 20년 이상 늘어난 셈이다. 이제 50대부터 70대까지의 세대는 단지 '노년을 준비하는 세대'

가 아니라, 삶의 후반전을 새롭게 설계해 나가는 가능성의 시기를 살고 있다. 그래서 '신중년'이라는 말은 이 시대의 변화를 잘 담고 있는 표현이라 생각한다.

신중년은 단순히 나이로 구분되는 개념이 아니다. 퇴직 이후에도 자신의 가치를 찾아 나서고, 삶을 새롭게 개척해가는 사람들을 뜻한다. 과거의 50~60대와 비교하면, 지금의 신중년은 훨씬 더 능동적이다. 새로운 배움을 두려워하지도, 멈추지도 않는다. 시대도, 삶의 가치도, 살아가는 방식도 모두 달라졌다. 기대수명이 늘어나면서 과거의 중년은 이제는 더 이상 중년이 아니고, 과거의 노년 또한 노년이 아니다. 우리는 이제 그들을 '신중년'이라 부른다.

하지만 아직도 많은 사람은 60대 이후를 '은퇴 후 쉬는 시기'로 바라본다. "그냥 편하게 살아.", "나이도 있는데 뭘 새롭게 시작해?" 이런 말들이 신중년의 가능성을 가로막는다. 주변에 신중년이 있다면, 그들을 향한 나의 시선이 어떤지부터 돌아볼 필요가 있다. '그냥 편하게 살아'라는 말은 정말 배려에서 나온 것일까? 편하다는 게 도대체 어떤 의미일까. 나이에 따라 살아야 하는 방식이 따로 정해져 있는 걸까. 오히려 되묻고 싶어진다.

지금의 신중년에게는 응원이 필요한 시점이다. 더 나아가, 나와 비슷한 나이대의 사람들이 자신을 돌아보고 성장하는 모습을 곁에서 자주 볼 수 있게 해 주는 것이야말로 진짜 선물이 될지 모른다. 반대로 생각해보면, 어떤 사람들은 도전하는 신중년을 보며 오히려 위기감을 느끼는지도 모른다. 그래서 '그만해', '쉴 때 됐잖아'라는 말로 그 불편함을 감추려는 건 아닐까.

현실을 보자. 60대 유튜버, 50대 블로거, 70대 인플루언서, 퇴직 후 컨설턴트나 강연자로 변신한 사람들. 신중년은 이제 경제활동에서 밀려나는 세대가 아니다. 나는 그동안 신중년을 대상으로 한 오프라인 강의와 블로그를 비롯한 온라인 글쓰기 활동을 통해 수많은 신중년의 삶과 마주해왔다. 처음에는 하나의 세대로 묶여 있던 그들은 시간이 흐를수록 점차 뚜렷이 구분되기 시작했다. 어떤 이는 여전히 과거의 역할과 정체성에 머물러 있었고, 또 다른 이는 과감히 새로운 환경을 향해 발걸음을 내딛고 있었다. 이 두 유형의 차이는 단지 나이나 환경 때문만은 아니었다. 삶을 대하는 태도, 미래를 어떻게 그려보는가에 따라 신중년의 모습은 두 가지 유형으로 나뉘었다.

하나는 퇴직 후 주저앉아버리는 사람들이다. 변화를 두려

위하고, 새로운 도전을 망설인다. 이미 많은 상실감을 경험했거나, 과거에 얽매여 있어서 지금의 현실을 제대로 보지 못하는 사람들이다. 또 다른 유형은 새로운 도전을 통해 두 번째 성장을 이루는 사람들이다. 이 두 부류를 나누는 기준은 능력이 아닌 삶을 대하는 태도다. 물론 어떤 사람은 이렇게 말할지도 모른다. "지금껏 몸에 밴 삶의 방식, 오랫동안 익숙해진 태도를 과연 바꿀 수 있을까?" 충분히 가능하다. 자신의 가치를 다시 고민하기 시작하는 순간, 그것이 바로 새로운 도전의 신호가 된다. 늦었다고 생각하는 지금이 가장 이른 시점일 수도 있다. 신중년에게도 배움과 도전은 언제나 열려 있다.

2025년 2월, 어느 늦은 밤 9시. 나는 50대부터 70대까지의 신중년을 대상으로 유튜브 쇼츠Shorts 콘텐츠 강의를 진행했다. 이건 예정된 강의도 아니었고 갑작스레 만들어진 일종의 게릴라성 강의였다. 강의가 시작되고 한 시간이 훌쩍 넘었지만 수강생들의 질문은 그치지 않았다.

그 열정 앞에서 나는 이미 '나이'라는 표식을 지운 지 오래였다. 짧은 강의가 끝난 후, 모두 하나씩 자기만의 결과물을 완성했고 그 누구보다 스스로 큰 성취감을 맛보았을 것이다. 강의에 참석하지 못한 이들은 다른 사람의 결과물을 보며 부러움을 표현했고 다음 기회를 기약했다. 나이를 지우고 보면 이는 어떤 성장 집단에서도 볼 수 있는 자연스러운 현상이다.

그러나 신중년 그룹에는 다른 집단에는 없는 특별한 가치가 있다. 그건 바로 '내려놓음'과 '흘려보냄'이다. 어쩔 수 없음을 받아들이는 자세, 다른 사람을 진심으로 축복하는 마음, 그리고 내 일상을 소중히 돌보는 태도.

이 모든 것이 신중년의 삶에서 발견되는 깊은 내면의 힘이다. 그들은 대단히 유명해지려는 욕망을 가지지 않는다. 하지만 "나도 할 수 있다."라는 신념만으로도 충분히 가치 있는 변화를 만들어 낸다. 나는 이 책을 통해 신중년이 어떤 삶을 선택할 수 있는지, 그리고 어떻게 하면 더 의미 있는 삶을 살아갈 수 있는지 이야기하고 싶다. 퇴직이 끝이 아니라는 것. 퇴직은 또 다른 시작이라는 것. 그 메시지를 꼭 전하고 싶다.

↘ 신중년, 나이를 넘어 태도를 말하다

"신중년은 삶을 다시 그리는 사람의 이름이다."

과거에 머물지 않고 자신의 가능성을 믿는 이들이 오늘의 신중년이다.

교차하는 세대,
이어지는 고민과 연속되는 기회

시대가 빠르게 변하고 있다. 기업들은 인원을 줄이면서 '희망퇴직'이라는 이름으로 몇 년 치 연봉을 선지급한다. 정년을 채우지 못한 채 회사를 떠나는 사람들이 많지만, 대부분은 이 현실을 받아들인다. 감원은 있어도 충원은 없다. 지방 지사를 통합해 인력을 줄이고, 이를 '응집력을 높이려는 조치'라고 설명하지만, 그 이면을 모르는 사람은 없다.

이제 이 이야기는 50대만의 문제가 아니다. 30대도 희망퇴직 대상이 되는 시대가 되었다. 이제 퇴직은 '노년'의 문제가 아니라, 중년 이전부터 대비해야 할 현실이 되었다. AI의 등장은 이 흐름을 더욱 가속하고 있다. 기술, 관리, 정보의 영역에서 인간은 이미 많은 경쟁력을 잃었다. 사람이 하던 일이 점점 줄어들고 기계가 그 자리를 채우고 있다.

더 이상 우리는 AI를 외면하거나 두려워할 수만은 없다. 거스를 수 없는 흐름이라면, 어떻게 협력해야 할지 혹은 함께 나아갈 방법을 고민해야 할 때다. 그 현실을 받아들이지 못하면 뒤처지는 속도는 더 빨라질 것이다.

얼마 전, 통신사 영업사원인 지인이 나에게 무인 주문 시스템테이블오더을 도입할 식당을 소개해 줄 수 있느냐고 물었다. 인맥을 활용해야 하는 현실을 한탄하는 그의 말을 듣다가 문득 이런 생각이 들었다. 식당에서조차 사람이 아닌 기계가 일하는 시대가 도래했구나. 지인 역시 언젠가는 AI로 대체될지도 모른다. 영업사원을 거치지 않고도 모든 과정이 자동화되는 날이 머지않다. 그도 그 사실을 이미 알고 있었다. 위협은 멀리 있지 않다. 현실은 조용히, 그러나 확실하게 다가온다.

최근 기업들은 30대에게도 희망퇴직을 권하고 있다. 40대는 이미 오래전부터 안전하지 않았고 50대는 더 말할 것도 없다. 유튜브만 봐도 50대의 삶을 다룬 다큐멘터리가 자주 노출된다. 직장에서 밀려난 50대는 갈 곳이 마땅치 않다. 회사에선 임원이었던 사람도 밖에선 평범한 중년 남성일 뿐이다. 한때 머리를 숙이던 직원들이 이제는 연락조차 하지 않는다. 퇴직 후 사회적 연결망이 50대에는 닿지 않기 때문일까. '제2의 인생'이라는 말도 대개는 60대를 위한 표현으로 쓰인다. 그렇다면, 지금의 50대는 어디에도 속하지 못한 채 표류하고 있지 않을까. 누구를 탓할 것인가. 미리 준비했어야 했다. 그러나 그렇지 못했다면 지금이라도 방법을 찾아야 한다.

그렇다면 60대는 또 어떤가. 지금의 60대는 과거와 다르다. 체력도 정신력도 20년은 더 일할 수 있을 만큼 건재하다. 하지만 일자리는 없다. 세대는 늙지 않았지만, 사회는 이미 그들을 늙은 존재로 규정했다. 1960년대에 태어난 이들이 60대가 되었다. 20년 전 이들은 사회의 중심이었다. 지금의 40대가 그 역할을 이어받았는가? 그렇지 않다. 사회 구조가 근본적으로 변했기 때문이다. 현실을 직시하자. 과거의 방식은 더 이상 통하지 않는다. 지금을 버티며 살아내야 하고, 동시에 미래를 살아갈 방법을 찾아야 한다. 직장은 우리를 책임지지 않는다. 그러니 우리도 직장을 전부로 여기지 말아야 한다. 한 회사에 30년을 몸 바친 사람도 한순간에 밀려난다. 드라마 속 이야기가 아니라 우리 주변의 현실이다.

위기는 누구에게나 닥칠 수 있다. 하지만 그 위기를 기회로 바꾸는 사람도 있다. 신중년 세대는 IMF를 견뎠고 코로나 팬데믹도 넘겼다. 모두에게 어려운 시기였지만, 어떤 이들은 그 속에서 기회를 찾았다. 그것은 운일 수도 있고, 오랜 시간 다져 온 유연한 사고와 행동력의 결과일 수도 있다.

AI가 그림을 그리고 영상도 만드는 시대가 도래했다. 나는 무엇으로 경쟁력을 가질 수 있을까? 나는 그 답을 글쓰기에서 찾는다. 글쓰기는 돈을 벌기 위한 수단을 넘어서 나를 구체적으로 들여다보는 도구다.

글을 쓰며 생각은 정리되고 내 삶은 서사로 구조화된다. AI가 대신할 수 없는 것은 '나의 이야기'다. 나만이 겪은 경험, 느낀 감정, 살아낸 시간이 글로 재탄생될 때 그것은 나의 고유한 힘이 된다.

글쓰기의 목적은 처음부터 돈이나 직업에 있지 않다. 나를 이해하고, 나를 표현하고, 나의 방향을 찾아가는 과정이다. 글은 나를 비추는 거울이고, 동시에 내일을 위한 지도가 된다.

시작은 언제든 가능하다. 이 글을 읽고 있는 당신이 직장인이라면 또는 퇴직을 앞두고 있다면 바로 지금이 시작할 때다. 행동하는 우리는 모두 같은 출발선에 서게 된다. 지금부터 나의 이야기를 쓰자. 그 속에 '다음 인생'이 담겨 있을 것이다.

↘ 신중년, 퇴직을 준비하는 새로운 태도

"회사는 사라져도, 나의 이름은 남는다."

퇴직은 멈춤이 아니라 내 삶의 좌표를 새로 설정하는 순간이다.
AI 시대, 가장 강력한 무기는 나를 기록하고 브랜딩하는 일이다.

불안을 직면하라,
그것이 변화의 첫걸음이다

"이제 어떻게 살아야 할까?"

퇴직이 가까워질수록, 혹은 이미 퇴직한 후, 또는 주변에서 퇴직을 맞이하는 사람들을 보면서 우리는 이 질문 앞에서 깊은 고민에 빠진다. 특히 신중년에 이르면 고민이 더 깊어진다. 내가 할 수 있는 일이 많지 않다고 느껴지기 때문이다. 젊었을 때는 "나중에 하면 되겠지"라고 생각했고, 현실에 치여 바쁘게 살다 보니 정작 '나'를 돌아볼 시간조차 없었다.

그런데 어느 순간, 회사에서 나의 역할이 줄어들고, 자녀들은 독립하고, 사회적 관계도 점차 흐려지지만 한 가지 사실은 명확해진다. "앞으로의 삶은 오롯이 나의 몫이다." 퇴직하면 마냥 좋을 것도 같았지만, 막상 그 시간은 생각보다 길지 않다. 그리고 곧바로 밀려오는 감정은 공허함이다. 내가 강의를 하거나 현장에서 만난 신중년들은 대부분 같은 감정을 경험했다.

"나는 앞으로 어떻게 살아야 할까?" 이 질문 앞에서 누구도 자유롭지 못했다. 막연한 질문은 불안함을 불러온다. 막연함을 구체화해서 마주할 수 있을 때 불안함은 불안함이 아닌 것이 된다. 그래서 그 감정을 세 가지로 나누어 구체화 해

보기로 했다.

불안을 깊이 들여다보면 결국 세 가지로 압축된다.

1. 경제적 불안 – 돈이 가장 큰 고민이다

직장에 다니는 동안에는 월급이라는 안정적인 수입이 있었지만, 퇴직 후에는 그마저 사라진다. "연금으로 생활할 수 있을까?", "모아둔 돈이 충분할까?", "은퇴 후에도 돈을 벌어야 할까?" 신중년의 가장 큰 고민은 단연 경제적 지속 가능성이다. 그러나 문제는, 막상 새로운 경제활동을 하려 해도 쉽지 않다는 점이다. 오랜 시간 한 분야에서만 일했기에 새로운 직업을 찾기가 막막하고, 나이가 많다는 이유로 기회 자체가 적다. 하지만 시각을 바꿔보면, 신중년만의 강점도 분명히 존재한다. 경험, 지혜, 그리고 네트워크. 완전히 새로운 일을 시작하기보다 기존의 경험을 활용해 나만의 일을 만들어 가는 것이 훨씬 현실적이다. 어쩌면 내가 블로그를 통해 글쓰기를 시작한 것도 그런 이유였다. "내 경험과 이야기가 누군가에게 도움이 될 수 있을까?"

이 작은 질문에서 시작한 블로그는 같은 고민을 하는 신중년들에게 하나의 해답이 될 수 있겠다는 확신으로 바뀌었다. 기록이 쌓이며 경험이 콘텐츠가 되었고 결국 그것이 수익과 연결되는 과정을 자연스럽게 깨달았다. 퇴직은 이제 마흔부터 시작되는 현실이 되었다. 40대든 60대든, 재취업의 벽은 크게 다르지 않았다. 결국 퇴직 후의 삶은 내가 가진 강점을 어떻게 활용하느냐에 달려 있다. 그러니 막연한 불안에 휩싸이기보다 내 경험과 지식을 어떻게 살릴 수 있을지를 고민하는 것이 더 중요하다. 경제적 불안을 해결하는 방법은 단순히 돈을 버는 것이 아니다. 내가 가진 강점을 제대로 활용하는 것에서 답을 찾을 수 있다.

2. 건강 – 노화에 대한 두려움

예전에는 밤늦게까지 야근해도 끄떡없었고, 한 끼쯤 굶어도 거뜬했는데, 이제는 작은 피로에도 몸이 예민하게 반응한다. 예전 같지 않은 체력, 늘어만 가는 병원 진료, 하나둘 생기는 만성질환. 몸이 더 이상 예전 같지 않다는 사실을 인정하는 순간, 두려움이 엄습한다. "내가 앞으로 얼마나 건강하게 살 수 있을까?" 어쩌면 이건 마음의 병이기도 하다. 30년 전, 1994년 대한민국의 중위 연령은 27세였다. 2023년, 대한민국의 중위 연령은 46세였다. 우리 사회 전체가 평균적으로 20년쯤 젊어진 셈이다. 통계청에 따르면 지금의 60세는 30년 전의 40세와 비슷하다. 삶의 양식도, 외모도, 건강도 그만큼 달라졌기 때문이다. 변화된 중위 연령에 대한 통계자료만 봐도 어쩐지 마음이 한결 젊어지는 느낌이 들지 않는가?

그렇다. 중요한 것은 나이가 아니라 마음의 방향이다.

성장하려고 몸부림치는 사람은 늙지 않는다. '내 나이가 예순이라서.' 그런 수식어를 지우고 생각해보면 결국 "내가 배우고 싶어서"라는 명제만 남는다. 서른이든, 마흔이든, 예순이든, 모든 연령대가 건강관리를 해야 한다. 마음이 약해진 게 아니라, 어쩌면 몸이 약해진 것일 수도 있다. 오랜 기간 작가 생활을 하는 사람들을 보면 하루 1~2시간은 체력 관리를 한다. 운동이 좋아서가 아니라, 좋아하는 일을 오래 하고 싶어서 운동하는 것이었다. 그러다 보면 운동이 좋아지는 선순환을 맞이하게 된다.

신중년 시기에 건강은 단순히 생존의 문제가 아니라 삶의 질과 직결된다. 돈이 있어도 건강이 없으면 무용지물이고, 건강이 무너지면 일상의 작은 즐거움조차 누릴 수 없다. 그렇다면 해결책은 뭘까? 가장 중요한 것은 지금부터라도 관리하는 것. 아침마다 스트레칭하기, 일정한 시간에 식사하기, 하루 30분 이상 걷기. 이 작은 습관들이 쌓이면서 몸이 점점 가벼워졌고, 정신적으로도 안정감을 느꼈다. 건강은 하루아침에 나빠지는 것이 아니다. 지금부터 관리하면, 인생 후반전도 건강하게 즐길 수 있다.

3. 존재의 가치 - 사회적 고립감

직장에 다닐 때는 매일 동료들과 이야기하고 업무로 바쁜 나날을 보냈다. 하지만 퇴직 후에는 다르다. 업무로 연결된 관계는 점점 끊어지고, 연락하는 사람도 줄어든다. 자녀들도 이제는 독립하고, 배우자 역시 자신의 일상으로 바쁘다. 어느 순간, 나만 혼자 남겨진 듯한 느낌이 든다.

"나는 이제 어디에 속해 있는 걸까?" 신중년이 가장 자주 마주하는 질문이다. 이러한 소속감의 흔들림은 예상보다 깊은 정서적 불안을 만들어 낸다. 관계가 하나둘 끊기고, 소속되었던 곳에서 더는 나를 찾지 않을 때. 마음은 점점 안으로 움츠러든다. 하지만 방법이 있다. 고립을 막고, 다시 세상과 연결될 수 있는 길. 바로 새로운 소속감을 찾는 것이다.

내가 좋아하는 강좌를 찾아보고 관심사를 나눌 수 있는 SNS나 블로그를 시작해보자. 새로운 배움을 시작하며 배움의 공동체 속으로 들어가는 것도 좋은 방법이다. 나는 블로그를 운영하면서 무엇보다 '새로운 관계'가 생겼다는 것이 가장 좋았다. 글을 통해 나를 보여주고, 그 글에 마음을 건네는 사람들을 만나며 이전에는 없던 따뜻한 연결을 경험하게 되었다. 아프리카 속담에 이런 말이 있다. "빨리 가려면 혼자 가고, 멀리 가려면 함께 가라." 신중년의 여정은 혼자가 아니라 함께여야 한다.

불안은 우리를 멈추게도 하지만, 때로는 새로운 변화를 시작하는 원동력이 되기도 한다.

앞서 언급한 불안의 요소와 해결책을 정리해 본다.

- 경제적 불안 : 경제 신문 및 관련 도서 등을 읽으며 지식 쌓기
- 건강의 불안 : 작은 루틴을 만들어 꾸준히 관리하기
- 존재의 불안 : 새로운 관계를 만들고 소속감을 찾기

불안은 변화를 요구하는 신호다. 이 신호를 제대로 읽고 능동적으로 변화를 시작한다면 신중년의 삶은 더 풍요로워질 수 있다. 지금 불안을 느끼고 있다면 당신은 이미 새로운 기회를 맞을 준비가 되었다.

↘ 신중년, 불안을 기회로 바꾸는 법

"불안은 멈춤의 징조가 아니라, 변화하라는 신호다."

경제, 건강, 존재의 불안이 몰려와도 그 안에 숨은 질문을 정면으로 마주할 때 삶은 다시 움직이기 시작한다. 불안을 피하지 않고 껴안을 때 우리는 비로소 다음 인생의 문을 열게 된다.

✳

새로운 태도가 삶을 바꾼다

지금 시대의 신중년은 인생의 전환기에 서 있다. 돌아보면 누구나 시기마다 절박하게 느꼈던 전환점이 있었다. 20대에는 취업, 30대에는 결혼, 40대에는 경제적 고민과 이직. 각각의 시기마다 삶의 무게는 달랐고 선택의 갈림길도 달랐다.

하지만 그 모든 전환기를 지나고 보니 진짜 인생의 변곡점은 바로 지금, 신중년에 있다. 몸과 마음의 변화, 가족과 관계의 재편, 일과 정체성의 흔들림 등 삶의 거의 모든 요소가 동시에 흔들리는 시기이기 때문이다. 이 시기를 어떻게 통과하느냐에 따라 앞으로의 삶이 전혀 다른 방향으로 펼쳐질 것이다.

그렇다면 이 시기를 잘 보내기 위해서는 무엇이 필요할까? 핵심은 '삶을 대하는 태도'다. 삶의 방식이 더는 작동하지 않는다고 느끼는 순간, 우리는 비로소 변화의 필요성을 인정하게 되고 그 변화는 외부가 아닌 내 안에서부터 시작되어야 한다.

직장에서 아무리 인정받던 사람도 퇴직 후에는 '아저씨', '누구의 엄마'로 불리는 현실을 마주하게 된다. 자신의 이름이 아닌 사회적 역할로 불리는 순간, 정체성의 혼란이 시작된

다. 이 변화는 처음에는 낯설고 받아들이기 어렵겠지만 시간
이 지나면 결국 받아들이게 된다. 심지어 대기업 임원이 퇴직
후 호텔 청소 업무를 한다는 뉴스도 이제는 익숙해졌다.

이처럼 환경은 급변하지만 우리가 할 수 있는 일은 하나다.
바로 그 변화 앞에서 어떤 태도를 보일 것인가. 그 질문에 답
하기 위해 신중년에게 필요한 다섯 가지 삶의 태도를 정리해
보려 한다.

1. 완벽함보다 균형을 택하는 태도

젊을 때 무언가를 반드시 '이뤄야 한다'라는 강박에 사로
잡히기 쉽다. 그런 사고방식은 성취를 안겨주기도 하지만 동
시에 자신을 몰아세운다. 그러나 인생 후반부에 접어든 지
금, 우리는 점차 깨닫는다. 완벽함보다 중요한 것은 균형이
라는 사실을. 가족, 건강, 나의 시간, 사회적 역할… 이 모든
것을 조율하며 살아가는 힘. 그것이야말로 신중년에 필요한
진짜 성숙이다. 이제는 남에게 인정받기 위한 삶이 아니라
내가 스스로 만족할 수 있는 삶을 설계할 시기다. 그리고 그
중심축은 '외부'가 아니라, '나 자신'이어야 한다.

2. 비교보다 자기 이해에 집중하는 태도

균형을 찾는 데 성공하더라도, 우리 마음 한구석에는 여전

히 비교의 그림자가 드리워진다. "저 사람은 아직도 현역인데…", "나는 왜 이 정도밖에 못 했지…." 한때의 빛나던 성과를 지금은 아무도 알아주지 않을 때 자존감은 흔들린다. 하지만 그럴수록 우리는 모두 다른 속도로 살아간다는 사실을 기억해야 한다. 인생의 성공 시점은 정해져 있지 않다. 60대, 70대에 인생의 전성기를 맞이하는 사람들도 있다. 그러니 비교보다 더 중요한 건 '자기 이해'다. 자기 이해란, 지금 이 시점의 나를 정확히 돌아보는 것으로 다르게 말하면 '메타인지' 또 다르게 말하면 '주제 파악'이다. 그리고 그것을 가장 잘 도와주는 도구가 바로 글이다. 글을 읽고 쓰며 내 안을 들여다보는 순간, 삶의 방향도 함께 보이기 시작한다.

3. 멈춤과 쉼을 삶의 일부로 받아들이는 태도

자기 이해에 도달한 사람도 종종 '멈춤'에 익숙하지 않다. 특히 오랫동안 규칙에 따라 살아온 사람일수록 그렇다. 새벽에 일어나 출근 준비를 하고, 사무실 불이 꺼질 때까지 남아 있는 것이 미덕이었던 시절. 그 당시에는 멈추는 것 자체가 '불안'하게 느껴졌다. 그러나 이제는 물어야 한다. 그 규칙은 정말 '내 것'이었는가? 아니면 사회가 정해 준 역할극에 불과했는가? 신중년에게 멈춤은 회복이고, 쉼은 전환을 준비하는 시간이다. 창밖 풍경이 아름다운 카페에서 책 한 권 읽는 시간. 이어폰을 끼고 천천히 산책하는 시간. 그 낯설고 어색한 순간이, '나를 회복하는 시간'이 될 수 있다. 이제는 스스로 이렇게 말할 수 있어야 한다. "괜찮아, 잠시 쉬어도 돼."

4. 나이 듦을 두려워하지 않는 태도

멈추는 법을 배운 뒤에는 우리가 무엇을 더 두려워하고 있는지 마주해야 한다. 대표적인 감정은 '나이 듦에 대한 두려움'이다. 많은 이들은 중년 이후를 '내리막길'로 표현한다. 그러나 내리막은 단지 방향의 변화일 뿐, 추락이 아니다. 그러니 지금의 변화도 그저 익숙하지 않을 뿐이다. 신중년은 젊음의 기준으로 자신을 평가하지 않아야 한다. 나이 듦은 후퇴가 아니라 더 깊고 단단해지는 진화의 시간이다. 그리고 이제는 우리가 먼저 다음 세대에게 지혜의 발자국을 남겨야 할 시기다. 그게 신중년의 또 다른 역할이자 책임이다.

5. 다음 장을 준비하는 사람의 태도

지금까지의 삶이 '한 권의 책'이었다면 신중년은 그 책의 마지막 장이 아니다. 다음 장을 열 준비를 하는 시간이다. 이 순간이 가장 좋고 앞으로가 더 기대되는 그런 삶을 설계할 수 있어야 한다. 그 마음을 함께 나눌 사람을 곁에 두자. 이제는 그런 사람들로 나의 삶을 채울 수 있는 나이다. 불필요한 관계는 자연스럽게 멀어지고 내게 도움이 되는 사람과의 연결은 더욱 깊어진다. 중요한 건 '외로움의 해소'가 아니라 가치

중심의 관계 선택이다. 같은 방향을 바라보는 사람, 비슷한 삶의 태도를 가진 사람과 함께 걷자. 그리고 무엇보다 과거가 아닌 현재를 인식하고, 지금을 잘 살아내는 마음이 무엇보다 우선시 되어야 한다.

이제는 삶을 '단절'이나 '종료'의 시선으로 바라보지 않아야 한다. 신중년은 전환의 시기이고 연결의 기회다. 삶의 조건은 통제할 수 없어도 삶을 대하는 태도는 선택할 수 있다. 그리고 이 선택이 삶을 바꾼다. 신중년에게 필요한 삶의 태도는 화려하거나 극적인 것이 아니다. 더 단순하고, 더 솔직하고, 더 깊이 있게 살아가려는 의지다. 그 의지는 나이 듦을 두려워하지 않고 그 속에서 성숙한 나를 발견하려는 용기에서 비롯된다.

↘ 새로운 태도가 삶을 바꾼다

신중년은 인생의 가장 큰 전환기에 서 있다. 완벽보다 균형, 비교보다 자기 이해, 멈춤과 쉼을 받아들이는 태도가 필요하다. 나이 듦은 후퇴가 아니라 성숙이며 지금은 다음 장을 준비할 시간이다. 삶은 단절이 아니라 연결이고 태도의 선택이 곧 삶을 바꾼다.

✳

나이 듦을 수용하는 순간
새로운 성장이 시작된다

나이 든다는 건 어떤 의미일까. 어린 시절엔 빨리 어른이 되고 싶었다. 안경 쓴 어른들을 보며 안경을 쓰고 싶었고, 운전하는 어른들을 보며 내 차를 몰고 달리는 상상을 하곤 했다. 나이가 든다는 건, 갖지 못한 것을 가질 수 있는 자유가 주어지는 시기처럼 보였다.

10대에는 학업에서 벗어나고 싶었고, 20대에는 조금 더 안정적인 삶을 꿈꿨다. 30대엔 40대가 되어 경제적 여유를 갖길 바랐고, 40대엔 50대의 안정감과 여유를 원했다. 그런데 왜 막상 50대가 되면 나이 듦이 기대가 아니라 두려움으로 다가오기 시작하는 것일까?

시간은 누구에게나 공평하게 흐른다. 하지만 그 시간을 어떻게 받아들이는가는 사람마다 다르다. 어떤 이는 점점 더 단단해지고, 어떤 이는 불안과 두려움에 움츠러든다. 그 차이는 어디에서 생겨날까. 지금의 나를 인정하고 내 시간을 소중히 여기며, 나이 듦을 마치 남의 일처럼 관조할 수 있는 내공은 아마도 오랜 시간을 지나야 비로소 생기는 게 아닐까. 나는 다양한 신중년들과의 만남을 통해 공통된 태도를 발견했다. 그들에게는 기술이나 정보가 아닌 삶을 마주하는 세 가지 '태도'에서 비롯된 힘이 있었다.

1. 담담함 – 삶의 무게를 견디는 힘

사람들은 나이가 들수록 단단해져야 한다고 말한다. 하지만 진짜 힘은 단단함보다 '담담함'에서 나온다. 기쁜 순간에도, 슬픈 순간에도, 누군가를 떠나보낼 때도, 그들은 감정을 드러내지 않는다. 처음엔 무뎌진 건 아닐까 생각했다. 그런데 아니었다. 그 담담함은 감정을 숨기는 게 아니라 마음 깊은 곳에서 우러나는 태도였다.

삶의 굴곡을 거치며 감정을 조절하는 법을 익혔고 어떤 일도 결국은 지나간다는 사실을 깨달았다. 그래서 거스르지 않고 받아들이며 흘려보낸다. 그들은 슬퍼서 울지 않는 게 아니고 기쁘지 않아서 웃지 않는 것도 아니다. 삶이 아무리 요동쳐도 일정한 톤을 유지하려는 그들의 태도는 오랜 시간 속에서 스스로 깨달은 내공이다. 그 담담함은 눈에 보이지 않지만 지치고 힘든 날에도 다시 걷게 만드는 '내면의 근육' 같은 힘이다.

2. 유연함 – 흐름에 순응하는 태도

담담함이 마음의 무게를 버티는 힘이라면 유연함은 삶의 방향을 바꾸는 힘이다. 삶은 예상대로 흘러가지 않는다. 뜻하지 않은 일이 생기고 예기치 않은 상황이 닥친다. 그럴 때 억지로 거슬러 오르기보다 흐름을 받아들이는 태도가 필요하다. 젊을 땐 모든 관계가 중요해 보인다. 하지만 나이가 들면 굳이 붙잡지 않아도 되는 것들이 늘어난다. "놓고 나니 아무 일도 없더라." 이 말을 자연스럽게 내뱉을 수 있는 나이가 있다. 모든 관계에 나를 억지로 끼워 넣을 필요도 없고, 모든 일에 최선을 다하지 않아도 괜찮다. 그런 여유는 많은 시간과 시행착오를 거쳐야만 비로소 내 것이 된다. "이래도 좋고 저래도 좋다."는 말은 포기의 언어가 아니다. 어떤 상황에서도 흔들리지 않고, 그것에 맞게 움직일 수 있는 유연함의 표현이다. 가장 단단한 힘은 때로 가장 부드러운 태도에서 나온다. 유연함이 바로 그런 힘이다.

3. 평온함 – 좋은 선택을 만드는 중심의 힘

우리는 매일 선택하며 살아간다. 그중 어떤 선택은 인생의 방향을 바꾼다. 중요한 선택일수록 감정에 휩쓸려 결정하면 후회하기 쉽다. 너무 기쁘거나 분노했거나 감정이 지나치게 올라온 상태에서 내린 결정은 시간이 흐른 뒤 되돌아보면 후회로 남기 쉽다. 그래서 평온함이 중요하다. 평온한 상태에서 한 결정은 결과가 어떻든 후회를 덜 남긴다. 그 평온함은 하루아침에 만들어지지 않는다. 넘어지고 실패하고 다시 일어나는 날들이 쌓이면서 조금씩 생겨난다. 겉으로 보이는 강함은 오래가지 않지만 속이 평온한 사람은 끝까지 간다. 성과가 눈에 보이지 않아도 자신의 페이스를 지키고 타인의 기준에 흔들리지 않는 마음. 그것이 신중년들이 삶을 통해 얻은 가장 깊은 내공이다. 그렇다면 나이 든다는 건 결국 어떤 의미일까. 숫자가 늘어나는 것이 아니라 삶의 경험을 통해 더 지혜로워지고, 더 유연해지고, 더 평온해지는 과정이다.

젊을 땐 몰랐던 것이 이제는 또렷하게 보인다. 꼭 붙잡아야 할 것과 흘려보내야 할 것이 분명해진다. 이 시기는 인생의 결실이 내면의 힘으로 남는 때다. 그 힘은 말로 다 전할 수 없다. 하지만 글로 남기면, 시간이 지나도 사라지지 않는다. 글을 읽은 누군가는 거기서 또 다른 해석과 배움을 얻는다. 삶은 그렇게 이어진다. 그리고 우리는 그 흐름을 '담담함', '유연함', '평온함'이라는 세 가지 태도로 나눠 가질 수 있다.

이 세 가지는 신중년이 스스로 쌓아온 가장 단단한 자산이다. 나이 든다는 건 결국 '시간'이 아니라 '태도'가 쌓인다는 뜻이다. 그 태도를 지켜낸 사람은 앞으로의 삶도 잘 걸어갈 것이다. 그 태도가 형성되기까지는 시간이 걸린다. 하지만 분명한 건 세월과 함께 흘러온 태도는 한 사람의 지금과 내일을 비추는 그림자가 된다는 사실이다.

신중년의 진짜 힘은 담담함, 유연함, 평온함이다. 감정을 조절하고, 관계를 조율하며, 선택 앞에서 흔들리지 않는 태도는 나이 들수록 더욱 깊어진다. 흘러가는 삶 속에서 나를 지켜가는 법을 배워간다.

✳

배움을 멈추지 않으면
인생도 멈추지 않는다

퇴직 이후의 삶은 새로운 방식을 받아들이는 일부터 시작해야 한다. 직장이 사라진 자리에 남는 것은 오롯이 나 자신뿐이다. 그 빈자리를 무엇으로 채울 것인가. 가장 단순하지만 강력한 방법은 작은 루틴이다. 책을 읽으며 마음을 확장하고, 글을 쓰며 자신을 정리하고, 운동을 통해 몸을 단련하는 것. 이 세 가지 습관은 인생의 후반부를 다시 일으켜 세우는 기초 체력이 된다. 삶은 거창한 변화를 요구하지 않는다. 작은 배움과 성실한 반복이 삶의 방향을 바꾸는 힘이 된다.

신중년이 독서와 글쓰기를 해야 하는 이유는 무엇일까? 인생 후반전을 설계하기 위해서일 수도 있고, 지나온 삶을 돌아보려는 이유일 수도 있으며, 흩어진 마음을 붙잡아두려는 이유일 수도 있다. 책은 또 다른 책을 부르고 누군가의 글은 내게도 글을 쓰고 싶게 만드는 힘이 된다. 내 안을 오래 맴도는 문장, 그 문장을 쓴 사람의 마음이 스며들었던 순간 나도 그런 글을 남기고 싶어진다. 결국 글을 쓴다는 건 누군가의 마음에 닿고 싶은 간절한 행위인지 모른다.

독서와 글쓰기를 통해 우리는 나를 오롯이 바라보는 기회를 얻는다. 타인의 글에서 거울처럼 나를 비추어 보고, 나의 글에서 다시 나를 발견한다. 그 과정에서 지금 내가 할 수 있는 일이 무엇인지, 앞으로 어떤 방향으로 나아가야 할지 감을 잡게 된다. 무엇보다 중요한 건, 성찰하는 시간 그 자체가 삶에 깊이를 준다는 사실이다. 한 줄의 문장을 쓰는 동안, 우리는 흔들리던 마음을 붙잡고, 잊고 있던 나의 목소리를 되찾는다. 그래서 독서와 글쓰기는 단순한 취미가 아니라, 신중년이 인생의 후반전을 준비하는 가장 확실한 자기 훈련이 된다.

이것은 산책이나 등산 같은 몸의 활동과도 연결된다. 머릿속을 환기하기 위해 걷고 땀 흘리는 것처럼 독서와 글쓰기도 마음을 환기시킨다. 길 위를 걸으며 복잡한 생각이 정리되듯, 책 속의 문장을 따라가다 보면 삶의 방향이 보이고, 글로 옮기는 순간 그것은 나만의 언어가 된다. 몸을 움직이는 습관과 마음을 움직이는 습관은 서로 닮았다. 이러한 활동을 통해 나를 회복시키고 다음의 나를 세워가는 힘이 된다. 글을 가까이한다는 건 단지 기록을 남기는 일이 아니라, 그렇게 내 삶을 다시 바라보고 잊힌 마음을 되살리는 과정이다.

얼마 전, 손녀가 자신의 글을 읽었으면 좋겠다는 한 신중년의 이야기를 들었다. 그의 글쓰기는 초등학교당시 국민학교 시절부터 이어져 왔다. 방학마다 써 내려간 일기장, 청소년기에 만들었던 문예지, 그리고 어린 시절 세상을 떠난 어머니를 그리며 적었던 문장들. 직접 읽지 않아도, 그 표현 속에 담긴 그 시절의 공기와 마음이 고스란히 전해져 가슴이 먹먹해졌다. 그 순간 깨달았다. 글은 단순한 문장이 아니라, 그 순간의 감정을 붙잡아 두고 다시 불러내는 힘이라는 것을.

배우자와 주고받은 편지, 결혼 후 주머니 속에서 발견된 짧은 쪽지, 아이의 성장을 기록한 육아일기. 그 모든 글은 결국 시간이 흘러 웃음과 눈물 속으로 이어졌다. 추억을 남긴다는 건 단지 기억을 보존하는 일이 아니라, 그 시간의 감정을 다시 꺼내어 함께 나누는 일이었다. 글을 가까이한다는 것은 곧 관계를 회복하고 이어가는 일이기도 했다.

이처럼 글은 우리를 치유한다. 처음에는 한 문장조차 망설였던 사람들이 어느새 자신만의 글쓰기 루틴을 만들며, 블로그를 꾸준히 운영하고, 온라인에서 새로운 사람들과 연결된다. 글을 쓰다 보면 자신을 바라보는 눈이 달라진다. "내 삶도 누군가에게 의미가 될 수 있다."라는 사실을 비로소 믿게 된다.

여기에 더해 글쓰기는 언제나 읽기와 함께 간다. 내가 글을 쓰게 되는 순간의 배경에는 언제나 읽었던 문장들이 있다. 오래전 읽은 한 권의 책이 지금의 나를 움직이고 우연히 펼친 시 한 구절이 내 일상의 태도를 바꾸기도 한다. 독서는 삶의 시선을 넓히고 글쓰기는 그 시선을 내 언어로 정리하게 만든다. 읽고 쓰는 두 가지 행위는 결국 내 삶을 더 단단하게 엮어주는 두 축이다. 온종일 곱씹을 수 있는 책 속 한 문장을 내 경험의 글로 확장 시켜보기도 한다.

퇴직 후 신중년이 느끼는 공허함은 절대 가볍지 않다. 일하지 않는다는 사실이 곧 쓸모없다는 생각으로 이어지고, 관계는 줄어들며, 침묵은 일상이 된다. 그러나 글을 쓰고 책을 읽는 순간, 그 고통은 조금씩 완화된다. 글은 지금 내가 살아 있음을 증명하고, 독서는 여전히 배울 것이 많다는 사실을 일깨운다. 책 속에서 새로운 세상을 만나고, 글 속에서 나 자신을 다시 만나는 것이다.

30대는 "정년까지만 일하고 싶다."고 말한다. 그러나 60
대는 "죽을 때까지, 할 수 있다면 계속 일하고 싶어요."라고
말한다. 일은 존재의 의미를 확인하는 도구였듯, 글도 그렇
다. 작은 한 문장이라도 지금 내가 살아 있다는 증거가 된다.
지금 내가 읽는 한 문장도 훗날 나의 글이 되어 누군가의 기
억을 감싸줄지 모른다.

그러니 오늘은 책 한 권을 곁에 두고 조용히 한 줄의 글을
써 보자. 그리고 하루 30분이라도 몸을 움직이며 작은 습관
을 쌓아 가자. 읽고 쓰고 움직이는 이 단순한 루틴 속에서 우
리는 공허 대신 회복을, 침묵 대신 연결을 경험한다. 그리고
언젠가 그 기록과 시간은 당신의 자녀에게 혹은 아직 만나지
못한 누군가에게 삶의 따뜻한 조각으로 전해질 것이다.

책을 가까이하면 글쓰기도 한결 자연스러워진다. 읽은 문
장은 곧 쓰고 싶은 마음을 불러오기 때문이다. 만약 글쓰기
가 막연하다면 독서부터 시작해 보자. 책 속에는 늘 길잡이
가 있고, 읽은 것은 자연스럽게 기록으로 이어진다. 운동은
그 기록을 지탱할 에너지가 된다. 그것은 지금까지의 나를
정리하는 방식이자 앞으로의 나를 다시 세우는 가장 단순하
면서도 강력한 방법이다.

책을 읽고, 글을 쓰며, 몸을 움직이는 작은 습관이 인생을 다시 세운다. 독서는 시선을 넓히고, 글쓰기는 나를 정리하며, 운동은 삶을 지탱한다. 신중년의 공허는 배움으로 채워지고 배움을 멈추지 않는 한 인생도 멈추지 않는다.

돈보다 강한 나의 경제 모델을 구축하라

2장에서는 신중년이 퇴직 후 선택할 수 있는 새로운 경제 모델을 다룬다. 재취업, 투자, 강의, SNS 브랜딩, 글쓰기와 기록 등 경험을 수익으로 전환하는 구체적인 길을 제시한다. 돈보다 강한 나만의 경제 모델을 세우는 방법이 여기에 담겨 있다.

*

두 번째 무대,
재취업으로 나를 다시 세워라

퇴직 후의 삶은 누구에게나 예고되어 있지만, 막상 닥치면 충격은 전혀 다르게 다가온다. 내가 만난 한 수강생은 퇴직한 지 3년이 지난 상태였다. 그는 여러 번 재취업을 시도했지만, 번번이 문턱에서 좌절했다. 회사에서 쌓아온 경력은 퇴직 후 취업 시장에서는 거의 쓸모가 없었다는 것이 그의 말이었다. 정글 같던 회사 생활보다 바깥이 오히려 더 힘했고 '적당한 곳이 있겠지'라는 막연한 기대감으로 지원했지만 매번 고배를 마셨다고 했다. 그 속에는 쓸쓸한 자조와 동시에 인생 2막을 어떻게 살아야 할지에 대한 막막함이 담겨 있었다.

그는 30년 가까이 한 회사에서 묵묵히 버텨온 전형적인 직장인이었다. 한 팀을 이끄는 리더로서, 한 회사의 사원으로서 확실한 자리를 지켜왔다. 그러나 정년과 함께 그 모든 것은 내 곁에서 조용히 물러났다. 명함도, 직책도, 아침마다 출근할 곳도 사라졌다.

퇴직 후 한 달은 천국처럼 달콤했다고 한다. 늦잠을 자고, 여행을 다니고, 친구들과 골프를 치며 여유를 만끽했다고 회

상했다. 그러나 두 달, 석 달이 지나자 그 시간은 지옥처럼 느껴지기 시작하더니 할 일이 없다는 것이 이렇게 괴로운 줄은 몰랐다고 털어놓았다. 시간이 흐를수록 건강은 나빠지고 가족과의 관계마저 불편해졌다. 오랫동안 가족의 생계를 책임지던 가장에서 온종일 TV만 보는 '백수 아버지'로 불리자 자존심은 무너졌다.

그러던 어느 날, 그는 다시 공부해야겠다고 결심했다. 퇴직 전까지는 상상조차 하지 않았던 자격증 공부에 뛰어들었다. 방송통신대 사회복지학과에 편입해 젊은 학생들과 온라인 수업을 듣고 과제를 제출하며 뒤늦게 대학생이 되었다. 쑥스럽기도 했지만 그 과정에서 잊고 있던 '성장의 기쁨'을 다시 느낄 수 있었다고 말했다. 이후 그는 사회복지사 2급 자격증을 취득했고 이어서 요양보호사, 직업상담사에 도전했다. 숲사랑 조사원, 마을정원사, 소방안전관리자, 건설기계 조종사 교육까지 이어가며 새로운 공부에 몰입했다.

자격증이 있다고 해서 곧바로 직장이 보장되는 건 아니라는 사실을 그는 잘 알고 있었다. 그럼에도 계속 도전한 이유는 그것이 삶의 버팀목이 되어 주었기 때문이라고 했다. 작은 물결 하나는 약해 보이지만 모이면 큰 파도가 된다고 믿었다.

결국 그는 두 번의 재취업 기회를 얻었다. 첫 번째는 사회복지기관 계약직이었다. 월급은 많지 않았지만 다시 사회와 연결되었다는 사실만으로도 살아 있음을 느낄 수 있었다고 했다. 두 번째는 조경 유지·관리 계약직이었다. 나무를 다듬고 꽃밭을 가꾸는 일은 힘들었지만, 땀 흘린 노동은 오랜만에 충만한 기쁨을 안겨주었다. 그는 이 과정을 통해 사람은 단순히 돈 때문에만 일하는 것이 아니라는 사실을 깨달았다. 누군가에게 필요하다는 것, 여전히 사회의 일원이라는 사실이 가장 큰 힘이 되었다.

그의 이야기를 듣던 다른 수강생도 벌이는 크지 않아도 일할 수 있다는 사실만으로도 감사하다며 비슷한 생각을 전했다. 손자에게 용돈을 주고, 아내에게 맛있는 것을 사줄 수 있다는 것 자체가 행복이라고 덧붙였다.

나는 그들의 이야기를 들으며 일이 생계 수단을 넘어 삶의 존엄과 연결된다는 사실을 다시금 깊이 느꼈다.

퇴직은 끝이 아니라 새로운 전환의 출발점이다. 재취업은 단순히 생계를 위해 돈을 버는 일이 아니라 자존감을 회복하는 과정이다. 무엇보다 신중년에게 '일'은 사회와 연결되는 끈이 되어 스스로를 가치 있는 존재로 느끼게 한다. 여전히 누군가에게 쓰임이 있다는 사실이 신중년의 자존감을 지켜주는 힘이 된다.

강의에서 나는 종종 이렇게 말한다. 어떤 벽돌공은 자신이 그저 벽돌을 쌓는다고 말하지만, 또 다른 벽돌공은 성전을 건축하고 있다고 말한다. 똑같은 일을 하더라도, 의미를 어디에 두느냐에 따라 삶은 전혀 다르게 펼쳐진다.

신중년의 두 번째 무대를 위한 준비
- 배움: 방송통신대, K-MOOC, 평생학습원 등을 통한 꾸준한 학습 습관
- 자격증 취득: 사회복지사·직업상담사 등 문과형 자격증, 산림기능사·소방안전관리자 등 현장형 자격증
- 정보 활용: 장년워크넷, 나라일터, HRD-Net 등을 통한 맞춤형 일자리 확인
- 네트워크 구축: 주민자치회, 사회공헌단체, 자원봉사 포털을 통한 사회적 연결

이것은 '일자리를 얻기 위한 준비'를 넘어 다시 사회로 발을 내디디고 새로운 의미를 찾는 길이다.

신중년을 위한 실전 정보

- 공신력 있는 일자리 정보

  중장년내일센터: 고용24(work24.go.kr) 〉취업지원

  잡알리오: job.alio.go.kr

  나라일터: gojobs.go.kr

  지역별 포털: 서울 job.seoul.go.kr

  　　　　　　부산 busanjob.net

  　　　　　　경기 jobaba.net

- 직종별 채용 사이트

  요양보호사: yoyangnara.com

  조경 · 산림: lafent.co.kr

  시설관리: sisuljob.com

  건설업: worker.co.kr

  사회복지: bokji.net

- 교육 · 훈련 플랫폼

  사이버진로교육센터: work.go.kr/cyberedu － 온라인 교육

  K-MOOC: kmooc.kr － 무료 온라인 강좌

  한국폴리텍대학: kopo.ac.kr － 평생직업교육〉신중년 특화 과정

  학점은행제: cb.or.kr － 자격 · 학위 연계

- 사회공헌·봉사 사이트

  서울시 50플러스재단: 50plus.or.kr

  한국노인인력개발원: seniorro.or.kr

  KDB 시니어브리지: seniorbridge.or.kr

  1365 자원봉사 포털: 1365.go.kr

퇴직 후 사회로 다시 발을 내딛는 일은 절대 쉽지 않다. 그러나 앞서간 수강생의 이야기는 이렇게 전해준다. "작은 준비가 모이면, 인생 2막의 방향을 바꿀 수 있다." 신중년의 재취업은 단순한 생계유지가 아니다. 그것은 삶을 다시 세우고, 의미를 다시 찾고, 또 다른 무대에 서는 일이다.

※ 위 사례의 수강생은 실제로 퇴직 후 11개의 자격증을 취득했고, 자신의 경험을 담아 『아주 소소한, 어느 신중년의 재 취업기』(어바웃리즈)라는 전자책을 출간했다.

↘ 퇴직은 끝이 아니라, 다시 무대에 서는 일이다

명함이 사라진 자리, 다시 공부하고 자격증에 도전하는 순간 삶은 새롭게 열린다. 재취업은 단순히 돈을 버는 일이 아니라 자존감을 회복하는 과정이다. 여전히 쓰임이 있다는 사실이 신중년을 살아 있게 만든다.

✳

월급 없는 시대,
투자가 답이다

퇴직 후 가장 크게 다가오는 불안은 '경제'다. 직장을 다니던 시절에는 월급이라는 확실한 수입이 있었다. 하지만 정년이 끝나면 안정적인 수익은 끊어진다. 국민연금과 퇴직금만으로는 20~30년의 삶을 감당하기 쉽지 않다.

이제 신중년이 새롭게 가져야 할 태도는 '저축'에서 '투자'로의 전환이다. 한때는 "저축은 미덕"이라는 말을 따라 살았다. 통장 잔고가 쌓이는 것을 보며 안도감을 얻었다. 그러나 저금리·고물가 시대에 단순 저축은 돈의 가치를 지켜주지 못한다. 시간이 지날수록 통장의 숫자가 줄어드는 경험을 하게 된다. 그렇기에 이제는 돈이 내가 잠든 시간에도, 일하지 않아도 자동으로 불어나는 구조를 만들어야 한다. 그것이 바로 '투자'의 핵심이다.

이 과정에서 반드시 짚고 넘어가야 할 개념이 배당이다. 배당이란 기업이 이익을 내면 그 일부를 주주에게 나누어 주는 것이다. 예를 들면, 주식을 가진 대가로 받는 '성과급'과 같다. 퇴직 후 사라진 월급의 빈자리를 채워주는 적은 월급 같은 것이다. 국내 기업들은 전통적으로 연말에 한 번 배당을 해왔으나, 최근에는 3개월마다 지급하는 분기 배당을 도입하는 기업들이 늘고 있다. 아직은 많지 않지만 배당 주기가 점차 짧아지는 추세다. 그에 비해 배당 문화가 더 발달한 미국 시장에서는 일부 주식이나 ETF에서는 매달 배당금을 지급하는 월 배당 구조도 가능하다. 신중년에게는 매달 통장에 찍히는 배당금이 현금흐름을 넘어 "나는 여전히 경제에 참여하고 있다."라는 자존감을 회복시키는 중요한 역할을 한다.

1. 투자에서 가장 중요한 것은 '목표'다

투자는 막연히 돈을 불리려는 시도가 아니다. 무엇을 위해 얼마가 필요한지 먼저 정해야 한다. 직장에서의 목표는 회사가 정해 주었지만 퇴직 이후의 목표는 스스로 세워야 한다. 내가 노후를 보내며 필요로 할 생활비가 어느 정도인지, 안정적으로 유지하려면 얼마의 수익이 필요한지부터 구체화해야 한다. 신중년에게 투자란 은퇴 후 생활비를 마련하고 물가 상승에 따라 내 자산도 가치를 유지하며 결국 내가 원하는 삶을 선택할 권리를 확보하는 일이다.

2. 주식 – 경제에 동참하는 가장 손쉬운 길

투자에 익숙하지 않고 예금, 적금으로만 경제 활동을 이어왔던 사람들은 '주식은 위험하다.'고만 생각한다. 하지만 주식은 단순히 '돈을 잃고 따는 도박'이 아니다. 회사가 사업을 확장하고 미래의 이익을 나누기 위해 만든 제도다.

실제로 주식시장은 16세기 네덜란드 동인도회사의 항해에서 시작되었다. 많은 돈이 드는 항해를 한 명이 감당할 수 없었기에 사람들은 돈을 나누어 투자하고 그 대가로 이익을 함께 나눴다. 이것이 지금까지 이어져 온 주식의 본질이다. 주식 투자의 장점은 접근이 쉽다는 것이다. 스마트폰 앱으로 몇 분 만에 증권 계좌를 만들 수 있다. 몇만 원의 소액으로도 시작할 수 있다. 또한 요즘은 카카오톡을 통해서도 미국 주식을 소액으로 살 수 있다. 스타벅스 커피, 아이폰의 애플, 코카콜라와 같은 익숙한 기업의 주식을 만 원어치만 사보는 것부터 시작할 수 있다. "나의 일상이 곧 나의 자산이 된다."라는 감각이 생기는 순간, 투자는 더는 두려움이 아니다.

무엇보다 주식을 보유하는 순간부터 투자자는 기업의 성과를 나누어 갖는다. 주식의 가격 상승뿐만 아니라 배당이라는 방식으로 정기적인 보상을 받을 수 있다. 직장인의 성과급처럼 배당은 투자자의 계좌에 직접 찍히는 성취의 표시다.

3. ETF – 신중년이 시작하기 좋은 출발점

ETF상장지수펀드는 여러 주식이나 채권, 심지어 실물자산까지 한 바구니에 담아 놓은 금융 상품이다. 조금 더 쉽게 말하면, ETF는 '묶음 세트 투자'다. 특정 주식이나 채권 한 종목만 사는 대신, 그 종목들이 모여 있는 바구니 전체를 사는 것이다. 예를 들어 코스피200 ETF를 산다면, 삼성전자·현대차·네이버·카카오 등 국내 주요 기업 200개에 동시에 투자하는 효과가 생긴다. 개별 기업을 분석하지 않아도 시장 전체의 성과를 따라갈 수 있다는 장점이 있다.

ETF의 대표적인 장점은 다섯 가지다.

① 소액으로도 가능하다.

② 여러 종목에 나눠 담는 분산 효과가 있다.

③ 언제든 사고팔 수 있다.

④ 가격이 투명하게 공개된다.

⑤ 장기적으로 시장 평균 수익률을 따라간다.

여기에 더해 ETF는 배당 ETF라는 선택지도 제공한다. 시장을 분산해 따라가면서도 정기적으로 배당금을 지급해 주는 구조이기 때문에 ETF를 처음 접하는 신중년이라면 상당히 매력적인 선택지이다. 국내 ETF는 주로 분기 단위 배당이 많고, 미국 ETF 중에는 매월 배당금을 지급하는 상품도 있어 마치 월급처럼 생활비 흐름을 만들어 준다.

4. 경제 분야 도서와 경제 유튜브 – 인식의 전환에서 실행으로

투자를 시작하는 데는 지식보다 태도가 더 중요하다. 우선 '투자는 어렵다.'는 생각부터 내려놓아야 한다. 막연히 투자가 어렵다는 생각을 없애는 데에 책과 영상 콘텐츠는 좋은 출발점이 된다. 경제도서는 투자에 대한 두려움을 줄이고, 경제 관점에 대한 인식의 전환을 가져다준다. 책으로 시야를 넓혔다면, 이제는 실행 방법으로 이어가야 한다. 경제 유튜브 채널은 책에서 얻은 관점을 실제 투자 행동으로 연결해 준다. 나는 책을 '기초 체력 훈련', 유튜브를 '실전 감각 익히기'라고 생각한다. 두 가지를 함께 해야, 생각의 전환이 실제 행동으로 이어진다. 책은 또 다른 책을 부르고, 유튜브 채널은 알고리즘을 통해 비슷한 채널을 계속 추천해 준다. 이렇게 확장되는 흐름 속에서 다양한 경제도서와 경제 유튜브 채널을 병행한다면, 신중년은 투자에 대한 두려움을 줄이고 자신만의 관점을 점차 확립해 갈 수 있다.

📖 경제 분야 도서 추천

『존리의 부자되기 습관』 존 리, 지식노마드

저축보다 투자의 습관이 중요하다는 관점을 소개한다.
돈을 바라보는 태도의 전환을 생각해볼 수 있는 입문서다.

『부의 시나리오』 오건영, 페이지2북스

금리·환율·유동성의 흐름을 설명하며 경제의 큰 그림을 이해하는 데 도움을 준다. 투자의 배경을 넓게 바라보게 해 주는 책이다.

『부의 인문학』 우석, 오픈마인드

돈을 단순한 수단이 아니라 인간의 심리와 역사 속에서 살펴본다.
투자를 넘어 돈을 다루는 태도와 철학을 생각하게 하는 책이다.

▶ 경제 유튜브 추천

박곰희TV   ETF와 주식의 기본 원리를 차근차근 설명
https://www.youtube.com/@gomhee/videos

렘군   실제 투자 포트폴리오와 더불어, 부동산·자
산 배분 기초 설명
https://www.youtube.com/@prng_official

삼프로TV   거시경제 전반을 분석하며 시장의 흐름을 읽
어주는 콘텐츠
https://www.youtube.com/@3protv

5. 루틴으로 만드는 투자 습관

투자는 큰돈으로 한 번에 하는 것이 아니라, 적은 돈을 꾸준히 반복하는 것이다. 매일 1만 원, 매달 10만 원씩 국내주식, 미국 주식, ETF를 활용해 쌓아가는 습관은 "나도 할 수 있다."라는 자신감을 키워주는 경험이다. 작은 투자 루틴은 시간이 지날수록 성과가 눈에 보이고, 경제에 참여하고 있다는 주인의식을 키워준다.

특히 배당 투자는 이 습관과 연결된다. 정기적으로 들어오는 배당금은 현금 흐름을 파악할 수 있을 뿐만 아니라 '또 다른 월급'처럼 삶의 안정감을 준다. 신중년에게는 그 배당금

이 생활비 일부가 되기도 하고, 경제적 불안을 달래주는 위로가 되기도 한다.

신중년에게 투자는 선택이 아니라 필수다. 직장에서 주어지는 월급이 없기 때문이다. 배당은 퇴직 후의 삶 속에서 또 다른 월급이 되어 준다. 저축에서 투자로 옮겨가는 작은 한 걸음이 남은 인생을 자유롭게 하는 선택권이 된다.

> ↘ **저축에서 투자로, 또 다른 월급을 만들다**
> 정년이 되어 사라진 월급의 빈자리는 배당으로 채울 수 있다. 저축이 돈을 지켜주지 못하는 시대, 투자는 선택이 아니라 필수다. 작은 투자 루틴이 또 다른 월급이 되어 신중년의 삶을 지탱한다.

✳

경험은 최고의 상품,
강의로 수익을 창출하자

"앞으로 뭐 하실 거예요?"

퇴직을 앞둔 사람이나, 퇴직 후 신중년들이 가장 자주 듣는 질문이다. 그리고 동시에 가장 많이 혼란스러워하는 질문이기도 하다. 직장을 다니며 우리는 종종 "미래를 준비하라."

라는 말을 들었다. 하지만 그 말은 지금의 20, 30대에게는 익숙할지 몰라도, 지금의 50, 60대에게는 낯선 말이었다. 그 시절, 미래를 준비한다는 것은 곧 지금 맡은 역할을 충실히 해내는 것이었다. 직장에서 맡은 일에 성실히 임하고 자녀 교육과 부모 부양이라는 책임을 감당하는 것. 그것이 최선이었고 잘 사는 방식이기도 했다.

하지만 시간이 흐른 지금, 상황은 달라졌다. 역할만으로는 이제는 미래를 준비했다고 말할 수 없다. 직장에서의 성실, 가정에서의 책임을 다한 그 시간이 쌓여 지금의 나를 만들었다면 이제는 그 경험을 새로운 방식으로 활용해야 한다. 바로 그 경험이 누군가에게는 배움이 되고 또 다른 삶의 길잡이가 될 수 있기 때문이다.

바로 여기서 강의가 시작된다. 신중년이 가진 경험은 누군가에게는 소중한 가치로 다가갈 수 있다. 이것이 신중년이 강사가 되는 기초 설계점이다. 강사라고 해서 반드시 전문 자격증을 소지하거나 특정 과정을 수료한 뒤 임명장을 받아야만 되는 것은 아니다. 중요한 것은 경험을 '가르침의 언어'로 전환하는 것이다.

지금 대한민국은 초고령사회로 빠르게 진입하고 있다. 이는 신중년에게 위기가 아니라 오히려 기회가 될 수 있다. 정부 정책과 기관의 지원이 신중년을 향해 열리고 있기 때문이다. 실제로 2025년 5월 15일, 고용노동부는 신중년특화훈련 인원을 기존 2,800명에서 7,500명으로 대폭 확대한다고 밝히며 단기 집중 훈련과 야간·주말 과정까지 신설해 참여의 문을 넓혔다. 간략히 살펴보자면 다음과 같다. 훈련 수료자에게는 중장년 경력지원사업과 연계해 최대 3개월간 일 경험 프로그램이 제공되고, 월 150만 원의 참여 수당도 지원된다. 기업에는 월 40만 원의 운영비가 지급된다. 제도적 장치가 신중년을 강사로 세울 수 있는 현실적 기반을 만들어 주고 있다.

여러 지자체와 교육기관도 발 빠르게 움직이고 있다. 한국기술교육대 능력개발교육원은 '신중년 교직훈련과정'을 개설해 40~70세 경력자들이 직업훈련교사 자격증을 취득하고 교육 역량을 강화할 수 있도록 지원하고 있다. 이러한 움직임은 신중년의 삶을 교육적 자산으로 전환하는 문을 더 넓히고 있다.

그렇다면 직장으로부터 독립된 신중년이 현실적으로 할 수 있는 강의는 무엇이 있을까? 먼저 해당 기관을 살펴볼 필요가 있다. 가장 손쉽게 접근할 수 있는 곳은 지역 구청의 평생교육과다. 평생교육이라는 이름으로 공립·민간기관에서 다양한 강의가 열리고 있다. 어떤 신중년은 영어 강사로 30년을 일한 경험을 살려 신중년 대상 기초 영어회화반을 열었다. 또 어떤 이는 취미로 즐겨온 수채화를 바탕으로 기초 미술 수업을 개설했다. 클래식을 오래 공부해 온 이는 '클래식 이해 반'을 열어 곧 수강생을 맞을 예정이다. 이처럼 경험의 형태는 다르지만, 강의로 전환할 가능성은 무궁무진하다.

구청 다음으로 눈여겨볼 곳은 대학 평생교육원이다. 전국의 대학들은 성인을 위한 평생교육 과정을 운영 중이고, 그중 상당수는 신중년층이 주요 수강자다. '○○대학교 평생교육원'을 검색하면 모집 요강과 개설 과목을 확인할 수 있다. 그 내용을 토대로 나만의 포트폴리오를 만들면 된다.

이것은 내 경험에 기초한 이야기다. 나 역시 전문 자격증이 있는 강사는 아니었다. 다만 블로그에서 글쓰기를 꾸준히 이어 왔고, 전자책 발행 경험을 바탕으로 블로그와 전자책 과정을 기획했다. 그 경험을 토대로 강좌를 개설해 지금까지 운영해 오고 있다. 처음 시작은 어렵게 느껴질 수 있지만, 일단 문을 열면 그다음부터는 기회가 이어진다.

개설의 노하우는 의외로 단순하다. 기관 홈페이지 공지사항을 확인하고, 담당 부서에 직접 전화를 걸어 문의하면 된다. 강의 개설 절차를 묻고, 내 강의 목적과 과목을 설명하는 과정이 곧 나를 알리는 시작이다. 신중년이라면 강의 경험이 부족할 수 있다. 그렇다면 경험은 부족하지만, 성실히 해낼 수 있다는 의지를 강조해야 한다.

강의계획서 작성은 AI의 도움을 받을 수 있다. 챗GPT에 "내가 하고 싶은 과목으로 강의계획서를 작성해 달라."고 입력하면 10초 안에 뼈대를 얻을 수 있다. 해 보지 않으면 알 수 없는 일이다.

기회는 여기서 끝나지 않는다. 백화점 문화센터, 시청, 신중년센터 등 다양한 기관에서도 강사 모집 공고를 상시 열고 있다. 한 번 만든 강의계획서는 다른 기관에 맞춰 일부 형식만 바꾸면 되니 큰 부담도 없다. 중요한 것은 없는 내용을 꾸미는 것이 아니라 내가 가진 경험을 정리해 '강의 언어'로 바꾸는 것이다.

결국 질문은 단순하다. "나는 어떤 일을 했는가, 그리고 어떤 일을 좋아하는가?" 그 경험이 곧 강의가 된다. 책을 읽고만 끝내지 말자. 실행해야 한다.

내가 강의를 처음 개설할 수 있었던 때를 돌이켜 보면, 그 시작에는 절박함이 있었다. 그 절박함은 나를 힘들게도 했지만 동시에 나를 움직이게 했다. 가능성을 따지지 않았다. 대신 강의계획서를 정성껏 준비했고, 그 계획서가 반드시 어딘가에서 쓰이길 바랐다. 핵심은 이것이다. 가능성을 보고 시간을 투자한 것이 아니라 시간을 투자함으로써 가능성을 만들었다는 사실이다. 지금 이 순간에도 누군가는 이미 행동으로 옮기고 있다. 당장 지역 평생교육원을 검색해 어떤 강의가 개설되어 있는지 살펴보라.

언젠가 이 책을 읽은 어느 신중년이 내 옆 강의실에서 함께 강의하고 있을지도 모른다. 그렇다면 그것은 내게 더없이 큰 보람이고 기쁨이 될 것이다.

신중년이 개설할 수 있는 강의 예시

인문·교양 파트

독서토론과 인문학 산책, 영화로 배우는 인문학, 역사 인물로 배우는 리더십, 클래식 음악 감상반, 세계 문화 탐방 인문학, 웰다잉 인문학, 지역 문화유산 해설사 과정

예술·창작 파트

글쓰기·에세이 교실, 캘리그래피와 엽서 만들기, 시 낭송 지도자 과정, 수채화 기초 교실, 유화·아크릴화 체험, 어반 드로잉 클래스, 도자기 만들기 체험, 전통 매듭 공예, 프랑

스 자수 배우기, 손뜨개 니트 공방, 가죽공예 소품 만들기,
플라워 클래스꽃꽂이, 아로마테라피 기초, 향기 심리코칭

실용·디지털 파트

스마트폰 활용 기초, 유튜브 영상 편집 입문, 블로그·SNS
글쓰기, 전자책 출간 기초 과정, 디지털 금융 이해하기, 노
후 재무설계 특강, 스마트폰 사진 촬영·디카시, 드론 항공
촬영 기초

건강·심리 파트

요가 & 스트레칭, 기초 필라테스, 웃음치료와 레크리에이
션, 치매 예방 두뇌훈련, 자존감 회복 심리학, 명상과 마음
챙김마인드풀니스, 일기·감정일지 쓰기

관계·가족 파트

황혼 육아 교실, 부모-성인 자녀 관계 회복, 부부 대화법 훈
련, 자원봉사 리더 양성과정

취미·생활 파트

파크골프 이론과 실습, 생활 라인댄스, 시니어 난타 교실,
우쿨렐레 배우기, 통기타 기초, 트로트 노래교실, 여행 중
국어 회화, 일본어 초급 회화, 영어 기초 회화반

✳

SNS로 나를
증명하고 브랜딩하자

신중년에게 '브랜딩'이라는 단어는 여전히 낯설다. 그러나 명함이라고 생각하면 이해가 조금 쉬워진다. 과거에는 종이 명함이 나를 설명해 주었다면, 이제는 블로그·인스타그램· 유튜브 같은 플랫폼이 새로운 명함이다. 중요한 건, 이제는 내가 나를 일방적으로 설명하는 시대가 아니라 사람들이 나를 찾아오게 만드는 시대라는 점이다.

브랜딩은 대단한 것이 아니다. 하루의 한 줄, 한 장의 사진, 짧은 생각이 쌓여 결국 '나'라는 사람을 만든다. 그렇게 쌓인 콘텐츠가 누군가의 공감을 얻고, 공감은 관계를 만들며, 관계는 새로운 기회를 불러온다. 과거에는 지갑 속 명함이 인맥의 크기를 말했지만 실제로 연락을 주고받는 이는 극히 적었다. 지금은 다르다. SNS 프로필이 곧 명함이 되고 그 안에서 만들어지는 연결이 실제 관계가 된다.

학생들은 이제 연락처 대신 인스타그램 계정을 주고받는다. 종이 명함의 시대에서 온라인 명함의 시대로 넘어온 것이다. 누구나 온라인에서 자신만의 이름을 만들 수 있고, 신뢰와 의미가 쌓이면 그것이 곧 브랜딩이 된다. 브랜딩은 단순히 유명해지는 일이 아니다. '내가 누구인지'를 명확히 설명하는 힘, 그리고 누군가가 나를 찾아오게 만드는 힘이다. 그 힘의 출발점은 독서와 글쓰기다. 독서를 통해 사고가 확장되고 글쓰기를 통해 생각과 감정을 문장으로 표현할 때 비로소 세상과 연결되는 창이 열리기 때문이다.

블로그는 글을 차곡차곡 쌓아가는 데 유리하다. 시간이 지나도 내 글이 사라지지 않고 기록된다. 그 글이 모이면 전자책으로도 확장된다. 그러나 더 많은 사람에게 가볍게 다가가려면 또 다른 공간이 필요하다. 바로 인스타그램, 스레드, 유튜브다.

SNS를 한다는 것은 그저 '본다'는 것과 다르다. 대부분은 소비자로 SNS를 활용한다. 훑어보고, 눌러보고, 읽는 데서 끝난다. 그러나 내가 직접 글을 쓰고, 사진을 찍고, 영상을 만들어 올리는 순간 소비자에서 생산자로 거듭난다. 옆에서 누군가 보고 있는 콘텐츠가 바로 내가 만든 것이라고 생각해 보라. 그것이 생산자와 소비자의 차이이다.

SNS를 생산자로 활용하는 일은 더는 젊은 세대만의 몫이 아니다. 60대, 70대, 80대에서도 인스타그램과 유튜브를 시작하는 사람들이 점점 늘어나고 있다. 나이와 상관없이, 누구든 자신의 무대를 만들 수 있는 시대다. 문자에 사진 한 장을 첨부하듯 SNS에 사진과 글을 올릴 수 있다. 할 수 있다고 믿는 순간, 하고 싶다는 의지로 이어진다.

1. 인스타그램 : 사진 한 장, 감정 한 줄

인스타그램은 우리나라 국민 절반 이상이 사용하는 플랫폼이다. "다들 한다고 내가 꼭 해야 해?"라는 의문 대신, "나를 알릴 기회가 이렇게 쉽게 주어지는데, 왜 하지 않을까?"라고 생각해 보자. 처음에는 낯설고, 행복한 사람들만 모인 공간처럼 보일 수도 있다. 하지만 사진 한 장과 짧은 글 한 줄만으로도 충분히 나를 표현할 수 있다. 중요한 건 글의 완성도가 아니라 진심과 꾸준함이다.

명언, 생각, 일상, 독서, 캘리그래피 등 자신이 오래 할 수 있는 주제를 하나 정해 쌓아가자. 어느 순간 '좋아요'가 쌓이고, 팔로워가 늘어나며, 나만의 온라인 명함이 완성된다.

2. 스레드 : 생각이 머무는 대화 공간

스레드는 글 중심 플랫폼이다. 사진이 없어도 짧은 글로 감정이나 생각을 표현할 수 있다. 마치 속마음을 일기처럼 나누는 공간이다. 반말로도, 존댓말로도, 중요한 건 진심이 통하는 대화라는 점이다. 댓글 하나, '좋아요' 하나에도 내 생각이 누군가에게 닿았음을 느끼게 되고 그 경험이 글을 쓰는 용기와 자신감으로 이어진다.

3. 유튜브 : 얼굴 없이도 가능한 나의 무대

많은 신중년이 유튜브를 부담스럽게 생각한다. 하지만 얼굴을 드러내지 않아도 된다. 사진 몇 장과 짧은 글귀, 배경 음악만으로도 쇼츠 영상을 만들 수 있다. 67세 수강생 한 분은 이 방법으로 시작해 한 달 만에 조회 수 2천 회, 구독자 1천 명을 넘겼다. 중요한 건 완벽한 영상이 아니라 시작해 보는 용기다.

한 수강생이 강의 중 내게 물었다. "글쓰기도 벅찬데, SNS까지 꼭 해야 하나요?" 나는 이렇게 답했다. "아무리 맛있는 집이라도 간판이 없다면 손님이 찾기 어렵습니다. SNS는 그 간판이고 지도입니다."

SNS를 통해 들어온 사람은 내 글을 읽고, 내 이름을 기억하고, 어느 순간 구독자가 된다. 그래서 SNS는 글의 확장판이자 브랜딩의 필수 조건이다. 글이 잘 써지지 않을 때는 스마트폰 사진첩을 열어 보라. 꽃, 음식, 여행 사진 한 장을 꺼내 그 순간의 기분을 한 줄로 적어보라. 그것만으로도 글이 된다. 사진은 기억을 품고 있고, 글은 그 기억을 꺼내 삶을 정리하게 해 준다.

수강생 중 가장 나이가 많았던 이는 79세였다. 그는 '글산토끼'라는 이름으로 블로그에 글을 쓰고, 인스타그램에 사진을 올린다. 나이를 이유로 멈추지 않고, 오히려 그것을 자신만의 무기로 삼아 배움을 이어간다. 나이 듦은 브랜딩에서 단점이 아니라 장점이다. 긴 세월이 만들어 준 이야기와 무게가 있기 때문이다.

브랜딩은 거창한 것이 아니다. 한 줄의 글, 하루의 기록, 하나의 생각이 쌓일 때 누군가는 말한다. "그 글 참 좋았어요. 인스타그램에서 보고 블로그까지 찾아갔어요.", "유튜브에서 봤습니다." 바로 이 순간, 당신의 이름이 브랜드가 된다. 신중년에게 SNS는 단순한 놀이가 아니다. 자신을 표현하는 무대이자 기회를 여는 도구다. 인스타그램으로 감성을 공유하고 스레드로 생각을 나누며 유튜브로 이야기를 펼쳐 보자. 브랜딩은 어렵지 않다. '나도 할 수 있다'는 마음과 작은 실천 하나면 충분하다. 오늘, 당신의 사진 한 장에서 당신의 브랜드가 시작될 수 있다.

인스타그램과 유튜브는 실제로 수익 창출이 가능한 플랫폼이다. 특히 눈여겨볼 점은 이 수익이 원화가 아닌 달러로 지급된다는 사실이다. 메타인스타그램 운영사와 구글유튜브 운영사이 직접 지급하기 때문에 신중년에게는 자연스럽게 외화벌이의 기회가 된다. 같은 콘텐츠를 만들어도 달러로 환산된 수익이 들어온다는 점에서 국내 활동만으로는 얻기 힘든 환율 효과까지 누릴 수 있는 셈이다.

인스타그램은 '보너스Bonus' 제도를 운용하고 있다. 보너스 대상자에게는 메타인스타그램 운영사에서 보상 알림을 보내고 달러로 수익을 지급하는데, 이미 미국에서는 월 수천 달러에서 수만 달러까지 받는 크리에이터 사례도 보고되고 있다.

유튜브는 조건이 더 명확하다2025년 8월 기준. 초보자에게 가장 문턱이 낮은 방식은 쇼츠이다.

- 1단계: 구독자 500명 이상, 최근 90일 이내 영상 3개 업로드, 그리고 3,000시간 시청 시간 또는 300만 회 쇼츠 조회
  - ➜ 이 조건을 충족하면 '팬펀딩'이나 일부 수익화 기능을 사용

할 수 있다.

- 2단계: 구독자 1,000명 이상, 그리고 4,000시간 장편 영상 시청 또는 1,000만 회 쇼츠 조회
  - ➜ 이 조건을 충족해야 본격적인 광고 수익을 포함한 정식 파트너 프로그램 수익을 받을 수 있다.

즉, 작은 성과가 쌓이면 부분적 수익화가 열리고, 일정 규모를 넘어서면 광고 수익까지 본격적으로 가능해지는 구조다.

스레드Threads는 아직 한국에서는 공식 수익화 제도가 없다2025년 8월 기준. 그러나 미국에서는 광고 수익 공유 모델을 테스트 중이며, 머지않아 글로벌로 확대될 가능성이 크다.

지금부터 차근차근 준비한다면 인스타그램과 유튜브, 그리고 곧 열릴 스레드까지, SNS는 신중년에게 더 이상 취미가 아니라 달러로 수익을 올릴 수 있는 외화벌이 무대가 될 수 있다.

↳ 브랜딩은 새로운 명함이다

종이 명함이 사라진 자리, SNS가 나를 설명하는 언어가 된다.
사진 한 장, 글 한 줄이 모여 나라는 사람을 만든다.
작은 기록 하나가 내 브랜드가 되고, 그 브랜드가 곧 내 이름이 된다.

✳

글은 곧 자산이다

우리는 날마다 새로운 하루를 맞이한다. 그 하루는 아직 살아보지 않은 '오늘'이고, 바로 지금부터 시작되는 나의 '처음'이다. 어떤 이에게는 그 하루가 퇴직 후 처음 맞이하는 날일 수도 있고, 또 다른 이에게는 전혀 다른 인생의 시작점이 될 수도 있다. 그러나 인생의 후반전은 처음에는 지독할 만큼 낯설고 때로는 삭막하게 느껴질지도 모른다. 신중년은 이미 수없이 많은 굴곡의 시간을 지나왔다. 시작의 낯섦과 익숙함, 그리고 다시 시작되는 반복을 겪어 왔다. 어쩌면 지금 이 순간도, 마음속에서 여러 번 그려본 인생 시나리오의 한 장면일지 모른다.

하루 또 하루를 미루며 "이 길이 아닐까?" 스스로 의심한 적이 있는가. 반대로, 오랜 준비 끝에 이제야 설렘으로 하루를 채웠던 경험이 있는가. 이처럼 복잡한 마음의 소용돌이 속에서도 결국 떠오르는 질문은 단순하다. "이제 나는 무엇을 해야 할까?" 그 물음에 나는 독서와 글쓰기라는 답을 건넨다.

책은 언제나 해답을 준다. 어떤 책을 읽어야 할지 모르겠다면 베스트셀러를 먼저 펼쳐 보기를 권한다. 그리고 바로 옆 코너의 스테디셀러도 함께 보아야 한다. 이렇게 자신 있게 말할 수 있는 이유는 책 한 권은 반드시 다음 책을 불러오기 때문이다. 한 번 책을 읽은 사람은 결국 또 다른 책을 찾게 된다. 쉽게 읽히면서도 묵직한 메시지를 주는 책이 필요하다면 김승호 회장의 《돈의 속성》, 《알면서도 알지 못하는 것들》, 《생각의 비밀》 같은 책도 좋다. 특별한 주제를 정하지 못한 신중년에게도 공통의 깨달음을 줄 수 있기 때문이다.

책을 읽다 보면 문득 찾아오는 생각이 있다. 그 생각을 글로 남겨보고 싶은 마음이다. 독서와 글쓰기는 바늘과 실처럼 연결되어 있다. 책은 생각의 영역을 확장해 주고, 글은 확장된 생각을 구체적으로 정리하면서 세상과 연결되는 통로가 된다.

강의에서 만난 많은 신중년은 "글을 쓴 적이 없다."고 말한다. 하지만 몇 줄 써 내려가다 보면 생각보다 쉽게 달라진다. 글은 결국 내 안을 들여다보는 일이기 때문이다. 강의를 마칠 무렵, 그들은 이전과는 전혀 다른 자신을 마주한다. 가족에게 남기고 싶은 말, 손주에게 읽어주고 싶은 기록이 글 속에 담기고 그것은 따뜻한 유산이 된다. 하루하루의 글은 이야기가 되고 이야기가 쌓이면 결국 '책'이 된다.

그 시작은 블로그나 브런치 같은 온라인 공간에서 가능하다. 짧은 글이라도 꾸준히 쌓아 가면 어느 순간 그것이 '콘텐츠 저장고'가 된다. 글이 30편 이상 모였다면, 전자책의 기초를 잡을 수 있는 충분한 재료가 마련된 것이다.

전자책 제작 과정은 생각보다 단순하다. 하지만 막연하게 느껴질 수 있기에, 단계별로 나누어 보면 훨씬 선명해진다.

전자책을 만드는 6단계

1. 주제를 기획한다.
내가 관심 있는 주제 10가지를 적어보고, 블로그나 SNS에 자주 쓴 글을 돌아본다. 독자가 자주 물어본 질문도 좋은 힌트가 된다.

2. 글을 모은다.
최소 10편 이상, 비슷한 결의 글을 모은다. 완성도가 높지 않아도 괜찮다. 나중에 편집 과정에서 다듬으면 된다.

3. 독자 시선으로 편집한다.
글의 순서를 맞추고 흐름을 잡는다. 챕터별 주제를 드러내고 반복되는 표현을 줄여 문장의 연결을 매끄럽게 한다.

4. 전자책 형태로 완성한다.

표지와 목차를 갖추고 작가 소개와 프롤로그를 더한다. 캔바 같은 무료 플랫폼 서비스를 이용하면 좋다.

5. 유통 경로를 정한다.

블로그 직접 판매, 스마트스토어·쿠팡 같은 커머스 플랫폼, 작가와 부크크 같은 출판형 플랫폼 중에서 목적에 맞게 선택한다.

6. 소개 콘텐츠를 만든다.

책 소개, 샘플 챕터, 홍보용 이미지를 준비한다. 판매는 '공유의 마음'으로 접근해야 독자에게 더 와닿는다.

전자책 수익 구조

전자책은 유통 방식에 따라 수익률이 달라진다.

- 블로그·SNS 직접 판매

  수익률 100%. 즉시 정산되지만 구독자 기반이 필요하다.

- 스마트스토어·쿠팡 등 커머스 플랫폼

  수수료 약 6~8%. 대신 검색 노출과 접근성이 좋다.

- 작가와·부크크 같은 출판형 플랫폼

  수수료 30~50%. ISBN[*] 발급 필요. 교보문고·YES24 등 대

---

[*] International Standard Book Number(국제 표준 도서번호). 각 출판사가 출판한 각각의 도서에 국제적으로 표준화하여 붙이는 그 고유의 도서번호이다.

형 온라인 서점에 입점할 수 있다.

실용서·정보성 콘텐츠라면 직접 판매와 커머스 플랫폼이 유리하고, 경험 기반 에세이나 브랜딩 목적이라면 출판형 플랫폼이 적합하다. 중요한 것은 '돈이 목적이 아니라 글을 쓰는 이유'다. 하지만 진심으로 쓴 글은 결국 경제적 가치로 이어진다.

전자책을 통해 자신감을 얻은 뒤 종이책에 도전하는 신중년도 있다. 종이책은 여전히 사회적 무게와 신뢰를 상징한다. 내 책이 교보문고와 YES24 같은 온라인·오프라인 서점에 진열되는 경험은 단순한 출간 이상의 성취다. 종이책은 나를 설명하는 가장 강력한 명함이다.

종이책 출간 방식에는 세 가지가 있다.
- 기획출판
  출판사가 모든 비용을 부담하고 저자는 원고를 제공한다. 가장 권위 있고 사회적 인정이 크다. 인세는 정가의 6~10% 수준이다.
- 자비출판
  저자가 출판 비용을 부담하고, 출판사는 제작과 유통을 담당한다. 비용 부담은 크지만 출간 속도와 자유도가 높다.

- 독립출판

  저자가 직접 출판 과정을 기획하고 소규모 제작과 유통까지 스스로 진행한다. 자유도가 가장 높지만 홍보와 판매에서 저자의 역할이 필요하다.

전자책이 빠르고 가벼운 시작이라면 종이책은 더 깊은 준비와 호흡을 요구한다. 하지만 그 무게만큼, '작가'라는 이름을 확실히 새겨 주는 도구가 된다. 글쓰기는 단순한 취미가 아니다. 그것은 나를 표현하고 삶을 정리하며 자산으로 확장되는 통로다. 전자책은 빠른 출발점이자 수익의 가능성을 열고, 종이책은 강력한 명함이 되어 사회적 신뢰를 만든다. 작은 글 한 줄이 결국 '작가'라는 이름을 만들고 그 이름은 또 다른 삶의 문을 연다. 신중년의 글쓰기는 이제 단순한 기록이 아니라 새로운 직업, 새로운 이름, 새로운 가능성이다.

↘ 책은 글을 부르고, 글은 이름을 만든다

한 권의 독서는 또 다른 책을 부르고 글로 이어진다. 쌓인 글은 전자책이 되어 수익과 자신감을 열어 주고, 종이책은 강력한 명함이 되어 신중년의 이름을 증명한다.

*

기록을 남기는 사람이
진짜 부자가 된다

"글을 써 보시면 어때요?" 이 한마디에 신중년들의 반응은 대부분 비슷하다.

"제가요?", "글을 써본 적이 없어요.", "내 이야기를 누가 읽겠어요?", "쓸 말이 없는데요." 많은 사람이 글쓰기를 작가만의 전유물이라 여긴다. 하지만 내가 만난 신중년들은 쓰지 못하는 것이 아니라 그저 써 보지 않았을 뿐이었다.

신중년이 되었다는 것은 인생의 절반 이상을 버텼다는 의미이기도 하다. 그들은 삶의 무게만큼 깊이 있는 경험과 생각을 지녔다. 그들의 이야기는 다음 세대에게 길이자 위로가 될 수 있다. 그런데 나이가 들수록 '기록'은 줄어든다. 마음은 바쁘고, 일상은 피곤하다. 자연스럽게 "글은 작가가 쓰는 것"이라며 자신을 제한하게 된다. 하지만 지금은 기록이 자산이 되는 시대다. 콘텐츠는 거창한 것이 아니다. 내가 살아온 이야기, 느낀 감정, 삶의 철학을 글로 남기는 일이다.

그렇다고 글쓰기가 무작정 되는 것은 아니다. 읽기가 쌓여야 쓰기가 열린다. 독서는 글쓰기의 기초 체력이다. 꾸준히 책을 읽은 사람은 글감이 풍성해지고 문장의 호흡도 깊어진다. 한 권의 책에서 얻은 문장이 내 삶을 해석하는 도구가 되고 그것이 다시 내 글로 이어진다. 글쓰기의 출발점은 '내 삶을 기록하는 것'이지만 글이 깊어지려면 반드시 '독서의 연결'이 필요하다. 짧은 기사 한 편이라도 혹은 얇은 책 한 권이라도 읽는 습관이 글쓰기를 단단하게 붙잡아 준다.

그것이 블로그가 되고, 전자책이 되고, 수익이 되기도 한다. 메모하듯이 내 삶을 가볍게라도 정리해 보자. 어제 본 공원의 풍경, 오늘 먹은 정갈한 반찬 한 접시, 그 순간을 느끼고 글로 남기면 된다. 짧은 기록이 글쓰기의 시작이 되고, 책에서 배운 표현이 더해지면 한층 단단한 문장이 된다. 그렇게 나를 표현하는 첫걸음이 만들어진다.

글을 처음 시작하려면 스마트폰 사진첩을 열어 보자. 손주와 찍은 사진, 친구들과의 산행, 가족과의 여행. 그 사진 한 장에서 떠오르는 감정과 기억을 글로 적어 보자. 한 장의 사진이 한 편의 글이 되고, 그 글이 쌓여 일상이 되며 일상은 곧 콘텐츠가 된다. 여기에 책에서 읽은 한 문장을 곁들이면 글은 더 풍성해진다. 이렇게 글을 쓰다 보면 조금씩 자신감이 생긴다. 그리고 어느 순간, 공통된 반응을 보게 된다. "내가 이런 생각을 하고 있었는지 몰랐어요.", "잊었던 기억이 다시 떠오르네요.", "글을 쓰고 나니 마음이 편해졌어요."

짧은 글은 한 줄의 SNS가 되고, 사진 한 장은 인스타그램이 되고, 글과 사진이 모이면 블로그나 브런치가 된다. 내 생각이 기록이 되고 기록은 자산이 된다. 어느 날 내 글에 광고 수익이 붙을 수도 있고 전자책이 될지도 모른다. 수익은 부수적이다. 더 중요한 것은 자신감을 되찾는 일이다. "내가 뭔가 할 수 있구나." 이 믿음이 바로 글이 만들어준 변화다. 한 수강생은 전자책 수익으로 남편에게 저녁을 사고, 자녀에게 자랑했다. 다른 수강생은 네이버 애드포스트** 수익 1,000원을 보고 "괜히 기분 좋다."고 말했다. 돈의 크기가 아니라 글을 쓰고 삶을 돌아본 그 행위가 진짜 자산이다.

글쓰기는 위로가 되고, 관계를 만들며 기회를 제공한다. 나를 해석하고, 세상에 내 이름을 알리는 과정이다. 그것이 브랜딩이다. 작가는 글을 쓰는 사람에게 자연스럽게 붙는 이름이다. 신중년은 그 이름을 가질 자격이 있다. 그들의 삶은 이미 깊고 넓기 때문이다. 책을 읽다 보면 이런 생각이 들 수 있다. "참 좋다. 그런데 나는 지금 뭘 해야 하지?", "나도 시

** 네이버 애드포스트는 네이버가 운영하는 광고 수익 프로그램으로, 블로그에 자동으로 광고를 삽입해 방문자의 클릭 수에 따라 수익을 창출할 수 있는 서비스이다. 일정 기준 (방문자 수, 콘텐츠 품질 등)을 충족한 블로그 운영자에게 신청 자격이 주어진다.

작하고 싶은데, 어디서부터 시작해야 할까?" 나 역시 경험했던 마음이었다. 처음 SNS에 글을 올릴 땐 괜히 부끄러웠다. 하지만 한 걸음을 내디디고 나서야 알게 됐다. 실천은 머뭇거림을 없애는 가장 좋은 방법이라는 걸.

지금도 실행의 마음 앞에서 고민하고 있을 신중년을 위해서 실행과제를 준비했다. 나의 현재 위치를 점검할 수 있는 브랜딩 사전 체크리스트와 오늘 당장 한 줄이라도 시작할 수 있는 실천형 액션 플랜을 소개한다. 이건 누가 시켜서 하는 일이 아니다. 나를 이해하고, 표현하고, 세상과 연결되는 아주 작은 시작이다. 마음이 움직인다면 오늘 한 가지라도 실천해 보자. 그걸로 충분하다.

브랜딩 사전 체크리스트

'지금의 나는 어디쯤 와 있을까?'

브랜딩은 거창한 계획보다 '지금의 나'를 아는 것에서 시작된다. 아래 항목 중 체크할 수 있는 항목을 확인해 보자.

⊘ 5개 이상 체크했다면 → 액션 플랜으로 나아가자

⊘ 5개 미만이라면 → 지금부터 하나씩 만들어 보자

- ✓ 내가 어떤 사람인지 한 줄로 말할 수 있다
- ✓ 온라인 명함 SNS/블로그이 있다
- ✓ 일주일에 다섯 번 이상 글을 쓰고 있다
- ✓ 사진 한 장으로도 글을 쓸 수 있다
- ✓ 전자책 주제를 정하고 글을 모으고 있다
- ✓ 인스타그램/스레드/유튜브 중 하나를 운영 중이다
- ✓ 내 글에 '좋아요'나 '댓글'이 달리고 있다
- ✓ 브랜딩을 통해 새로운 기회를 상상한 적이 있다
- ✓ 글쓰기를 통해 나의 변화 가능성을 믿는다

 오늘부터 시작하는 브랜딩 루틴 6가지

① 사진에서 글감을 찾아보자

최근 찍은 사진 한 장을 골라 그 순간의 기억이나 느낀 감정을 적어
보자. 그 글이 블로그나 인스타그램의 첫 글이 된다.

____

____

____

② 나를 한 문장으로 소개해 보자

"60대, 글쓰기로 하루를 시작하는 신중년"
이 문장은 나의 정체성이며 브랜딩의 출발점이다.

____

____

____

③ SNS나 블로그를 개설해 보자

가장 부담이 적은 플랫폼을 선택하고 계정을 만들자. 자기소개 문
장과 함께 첫 글을 올려 보자.

____

____

____

④ 내가 좋아하는 것을 리스트로 정리해 보자

글쓰기, 산책, 커피, 손주 이야기, 정원 가꾸기

이 리스트는 전자책이나 강의 주제가 된다.

____

____

____

⑤ 전자책 주제를 떠올려 보자

퇴직 후 나를 찾는 글쓰기, 손주에게 남기는 인생 편지, 30년 직장
생활을 통해 내가 깨달은 지혜

____

____

____

⑥ 가장 마음에 드는 글을 출력해 보자

가장 애정이 가는 글을 인쇄하거나 손글씨로 써두자. 그 문장이 글
을 쓰게 하는 동기가 된다.

____

____

____

글쓰기는 특별한 사람만 하는 일이 아니다. 자신의 삶을 진지하게 돌아보고 싶은 누구에게나 열려 있는 활동이다. 신중년은 이미 방대한 삶의 자료를 가지고 있다. 그 경험과 생각은 누군가에겐 길이 되고 또 다른 누군가에겐 위로가 된다.

중요한 건 '잘 쓰여진 글'이 아니라 '나의 삶을 담은 진실한 글'이다. 글을 쓰기 위해 거창한 준비는 필요 없다. 사진 한 장, 하루의 감정, 기억 하나. 그 모든 것이 훌륭한 글감이다. "내가 무엇을 할 수 있을까?"라는 질문에 "나는 나를 쓸 수 있다."라고 대답할 수 있다면, 당신은 이미 작가로서의 첫걸음을 내디딘 것이다. 오늘부터 한 줄씩 써 보자. 글은 결국 '쓰는 사람의 것'이다. 신중년의 기록은 세상에 꼭 필요한 이야기다.

↳ 신중년, 기록이 자산이 되는 시대

"글을 쓰는 건 작가나 하는 줄 알았는데, 이젠 내가 쓴 글이 누군가에게 도움이 되고, 그걸로 수익이 생기기까지 했어요."

글쓰기는 이제 '표현'을 넘어 '수익'과 '브랜딩'으로 확장된다.

거리두기와 연결,
균형의 기술을
터득하라

3장에서는 신중년이 가족, 친구, 사회와의 관계를 새롭게 정립하고 고립되지 않는 삶의 방식을 찾아가는 여정을 담고 있다. 익숙한 관계를 돌아보고 새로운 연결을 만들어 가는 방법을 구체적으로 제시한다.

＊

부모에서 개인으로,
독립 이후 나를 회복하자

어느 시점이 되면 자녀가 혼자서도 잘하는 모습들을 보게 된다. 처음에는 한두 가지 일을 스스로 해내는 모습만으로도 놀라운데, 시간이 흐를수록 그들은 점점 더 많은 것들을 혼자의 힘으로 해내기 시작한다. 자녀의 나이에 맞는 성장을 바라보며 부모의 마음은 가끔은 대견하고 또 가끔은 묘한 섭섭함을 느낀다. 뿌듯함과 아쉬움이 뒤섞인 감정은 말없이 스며드는 물결처럼 조용히 마음 한쪽을 적신다.

신중년에 접어들면 자녀는 성인이 되었거나 성인을 앞두고 있거나 어쩌면 이미 또 다른 가정을 이루고 살아가고 있을지도 모른다. 그 모습을 바라보는 부모의 마음은 안도와 함께 어쩐지 낯선 감정에 사로잡힌다. 그 틈을 비집고 들어오는 것은 상실감이다. "이젠 나 없어도 잘 사네." 어느 순간 입에 붙어버린 이 말은 자신을 향한 쓸쓸한 독백처럼 들릴 때가 있다. 그렇게 자녀를 바라보던 시선이 문득 나 자신에게로 돌아오면서 이제는 내가 누구인지, 어떤 시간을 살아가고 있는지에 대한 물음이 고개를 든다.

돌이켜보면 자녀가 어린 시절에는 부모가 그들의 전부였다. 그래서 부모도 아이를 전부로 생각하는 시간을 보내야 했다. 아이가 잠시 혼자 있어도 마음이 불편했고 온통 아이를 중심으로 하루가 돌아갔다. 그땐 '내 시간이 조금만 더 있었으면 좋겠다'라는 바람이 있었고 드물게 찾아오는 혼자의 시간은 그것만으로도 큰 기쁨이었다. 그러나 지금의 시간은 그 반대다. 아이가 점점 나에게서 멀어질수록, 혼자 있는 시간이 늘어날수록 오히려 그 고요함이 공허하게 다가온다.

신중년의 시간은 긴 여정을 마치고 잠시 멈춰 선 시기다. 그동안 아주 오랜 시간 '누구의 엄마', '누구의 아빠'로 살아왔다. 나 자신보다 자녀의 일정을 더 잘 알고 자녀의 고민에 밤잠을 설쳤으며 아이의 꿈이 곧 내 삶의 목표가 되기도 했다. 자녀의 방학에 맞춰 휴가를 내고 시험 기간에는 생활 방식까지 조율하며 살아왔다. 내 삶의 중심이 '나'가 아닌 '아이'였던 시간은 너무도 자연스러웠다.

아이의 성장통은 부모에게도 통증이었고 아이가 아플 때는 내가 대신 아팠으면 하고 바라기도 했다. 실망하거나 좌절하는 모습을 보면 마음이 덜컥 무너졌고 그 모든 감정을 감싸주고 싶은 마음에 온 힘을 다했다. 그렇게 우리는 사랑했고 책임졌으며 헌신했다. 그러나 아이는 결국 독립해서 자기만의 세계로 나아간다.

하루에 한 통의 연락 없이도 잘 지내는 자녀의 모습이 든든하게 느껴지면서도, 마음 어딘가에는 설명할 수 없는 공허함이 스며든다. 아이의 독립은 결국 부모의 손에서 무엇인가가 놓이는 순간이다. "이제 나는 뭘 해야 하지?"라는 질문은 자녀가 성장할수록 더욱 선명해진다. 자녀의 독립은 단지 곁에 있던 자녀를 떠나보내는 일이 아니라 그동안 삶을 채우고 있던 중심축이 사라지는 경험이기도 하다. 하지만 이 허전함 속에는 분명 또 다른 시작이 숨어 있다. '엄마'나 '아빠'라는 이름을 내려놓고 한 사람의 '나'로 다시 살아갈 기회. 어쩌면 조금 늦었지만 바로 지금부터가 진짜 인생의 출발점일지도 모른다.

그동안 가족이라는 울타리 안에서 뒤로 미뤄두었던 나를 이제는 천천히 다시 꺼내어 들여다볼 시간이다. 문득문득 이런 질문들이 떠오른다. '나는 어떤 사람이었을까?' '내가 좋아했던 건 뭐였지?' 자녀를 키우기 전, 결혼하기 전, 혹은 사회 초년생이던 시절. 설레는 마음으로 하루를 시작하던 그때의 나를 떠올리며 조용히 마음의 서랍을 하나씩 열어본다. 그 안에는 활동적인 것을 좋아하던 내가 있고, 사람과의 만남을 즐기던 내가 있으며, 지친 하루를 글로 정리하던 내가 있다. 잊고 지냈지만 여전히 내 안에 살아 있는 '진짜 나'의 조각들이 거기 있다. 자녀의 독립은 '할 일이 끝났다.'라는 선언이 아니라 '지금부터 나로 다시 살아갈 수 있다.'라는 가능성이다.

가족은 언제나 나의 편이지만 결국 내 인생은 내가 살아야 한다. 부모였던 나는 여전히 한 사람의 독립적인 존재이고 삶의 다음 장을 열어야 하는 주인공이다. 이제는 나 자신을 삶의 중심에 두고 내 이름으로 살아가야 한다.

'내 인생은 나의 것이다.' 이 짧은 한 문장이 가진 힘은 생각보다 크다. 단순한 문장이지만, 삶의 방향을 다시 잡고, 주체적인 나로 살아가겠다는 선언이 된다. 하루에 단 10분이라도 나를 위한 시간을 가져보자. 그 시간이 없다면 나를 다시 찾을 수도 없고 새로운 삶의 길도 떠올리기 어렵다. 책을 읽거나, 글을 쓰거나, 산책하거나, 오래전 미뤄둔 취미를 꺼내는 것부터 시작하자. 독서든 그림이든 조용한 커피 타임이든 무엇이든 좋다. 처음엔 어색하고 낯설 수 있다. 오랜 시간 누군가를 위해 살아왔기에 '오롯이 혼자인 나'를 마주하는 일이 쉽지만은 않다. 하지만 그 시간을 하루하루 쌓아가다 보면 점점 그 고요함이 익숙해지고, 그 안에서 나를 회복하게 된다. '누군가를 위해 살아왔던 나'에서 '나를 위해 살아가는 나'로 마음이 천천히 이동하기 시작한다.

만약 당신이 이미 10분을 하고 있다면 30분, 그다음 1시간으로 늘려서 도전해 보자. 그리고 그 1시간이 익숙해지면, 하루 2시간을 나만을 위해 써 보자. 운동도 좋고, 문화생활도 좋고, 아무것도 하지 않고 그저 멍하니 있는 시간도 나를 위한 시간이다. 중요한 건 의식의 전환이다. "이건 나를 위해 내가 선물하는 시간이다."라고 마음먹는 순간, 그 시간은 훨씬 깊고 충만해진다.

어떤 이는 자녀가 결혼한 뒤 처음으로 자신만의 공간을 갖게 되었다고 말했다. 그 사람이 말하기로는 공간에 머무는 햇살은 동네 카페 2층의 명당자리보다도 따뜻하다고 했다. 이처럼 1평 남짓한 공간이어도 괜찮다. 그 안에서 무언가를 해 보고 싶은 마음이 다시 피어오른다면, 당신에게 그곳은 더없이 소중한 회복의 장소가 될 것이다. 혼자만의 시간과 공간은 단순히 물리적인 영역이 아니다. 물리적인 공간을 넘어 정서적으로 나를 다시 세우는 바탕이 된다. 그 안에서 나는 누구인지, 무엇에 기쁨을 느끼는지, 앞으로 어떻게 살아가고 싶은지를 차분히, 그리고 천천히 되짚어보자.

누군가의 부모이기 이전에, 누군가의 자녀이기 이전에, 이제는 하나의 온전한 나로 살아가야 한다. 그리고 그 사실을 자각하는 일, 바로 그것이 신중년에게 주어진 가장 중요한 과제일지 모른다. 그러니 이제부터라도 아이가 아닌 나를 중심에 두자. 누군가의 엄마, 아빠라는 호칭 대신 오랜 시간 불러 보지 못했던 나의 이름을 다시 불러보자. 다정하게, 단단하게, 그리고 조금은 느긋하게. 나로 살아가는 시간은 지금부터가 진짜 시작이다.

나를 위한 시간은 결코 이기적인 것이 아니다. 오히려 나를 돌보고 충전하는 시간이 있을수록 우리는 더 따뜻하고 단단한 사람으로 살아갈 수 있다. 달려온 삶의 무게를 잠시 내려놓고 이제는 책임보다 기쁨으로 삶을 채우는 나날을 살아가자. 무언가를 거창하게 할 필요는 없다. 그저 오늘 한 줄의 글을 써보거나, 오래전 좋아했던 음악을 들어보거나, 아침 햇살을 느끼며 커피 한 잔을 마셔보자. 이 모든 소소한 순간이 결국 '나로 돌아오는 여정'이 된다. 신중년은 끝이 아닌 또 다른 시작이다. 누군가의 그림자가 아닌, 자신의 빛으로 살아갈 수 있는 시기이다. 부모라는 역할을 내려놓고, 한 사람의 '나'로 살아가기로 마음먹는 순간, 내 삶을 주도하는, 비로소 진짜 나답게 살아가는 진짜 내 시간이 시작되는 것이다.

> **↘ 부모에서 개인으로, 자녀 독립 이후 나를 찾는 법**
>
> 자녀가 독립하는 순간, 부모의 삶은 공허와 상실을 경험한다. 그러나 그 허전함은 곧 새로운 시작의 신호다. 이제는 '엄마, 아빠'가 아니라, 한 사람의 '나'로 살아갈 시간이다. 독서, 산책, 취미, 글쓰기……. 작은 순간이 모여 '나'로 돌아가는 여정이 된다.

도서관에서 발견하는
새로운 관계

지금 이 책을 읽고 있는 독자 중에 60대와 가까이 지내는 30~40대가 있을까? 이 질문에 대부분은 부모님을 떠올릴 것이다. 30~40대의 경우 부모님이 대체로 그 연령대이기 때문이다. 가까운 존재이지만, 부모와 자녀라는 특수한 관계 속에서 우리는 그들을 객관적으로 바라보기 어렵다. 그래서 때론 '60대'라는 나이 자체에 대한 인식도 왜곡되거나 고정관념에 갇히기 쉽다.

그렇다면 이렇게 한번 생각해 보자. 지금의 40대가 10대였던 시절로 돌아가 30년 전의 60대를 떠올려보면 어떨까? 아마 대다수는 '노인'이라는 이미지를 자연스럽게 떠올릴 것이다. 실제로 그 시절의 평균 수명은 지금보다 훨씬 짧았고 중위 연령 또한 낮았다. 사회적 분위기와 시선도 '60대＝노인'이라는 등식을 강화했었다.

그러나 지금은 다르다. 같은 나이라도 삶의 방식과 태도는 완전히 달라졌다. 숫자로는 60대지만 전혀 그렇게 보이지 않는 사람들이 많아졌다. 취미를 즐기고, 자신만의 일을 이어가며, 활기찬 일상을 살아가는 이들은 숫자로의 나이보다 '삶의 에너지'로 나이를 인식한다. 지금의 60대를 단지 외형이나 나이로 판단하기가 어려운 이유다.

그 변화의 이면에는 오랜 세월 '현실'에 묶여 살았던 세대의 서사가 있다. 직장생활에 매몰되어 자신을 돌보지 못한 채 달려온 시간. 그래서 많은 이들이 자신의 꿈을 잠시 뒤로 밀어두고 살아왔다. 하지만 아이러니하게도 퇴직 이후 혹은 자녀들의 독립 이후에야 비로소 그동안 잊고 있던 '내가 하고 싶던 일들'을 다시 꺼내 들 수 있게 된다.

한 수강생은 50세가 넘어 잊고 지냈던 그림을 다시 시작했고, 또 다른 이는 다양한 자격증을 취미처럼 따며 성취감을 쌓아갔다. 평생을 주부로 살아왔던 사람도 틈틈이 읽어온 책을 바탕으로 전자책을 출간했다. 어떤 이는 60세가 되어 10대 시절의 나를 떠올리며 글을 쓰기 시작했고, 또 다른 이는 어머니가 남긴 오래된 일기를 바탕으로 기억을 복원하려는 마음으로 책을 쓰기 시작했다. 잊힌 줄 알았던 '나'의 조각들이 하나씩 제 자리를 찾아가는 과정. 신중년은 그런 발견의 시기다.

자신의 책을 출간한 수강생은 소감을 말하는 자리에서 이렇게 말했다.

"예전에는 60대가 되면 노인정에 가는 줄 알았어요. 그런데 독서를 하고 글을 쓰면서 알게 되었어요. 내가 노인정에 가지 않아도 된다는 사실이 너무 행복합니다." 그의 말은 단순한 농담이 아니었다. 독서와 글쓰기를 통해 자신이 여전히 성장할 수 있고, 또 새로운 길을 선택할 수 있다는 현실을 직접 확인한 것이다. 그래서 지금의 신중년은 도서관에서 책을 읽고, 강의실에서 배우며, 새로운 배움을 통해 삶을 확장해 가고 있다.

이제, 60대는 '노인정'을 떠올리게 하는 세대가 아니다. 오히려 '도서관'이라는 단어가 더 잘 어울린다. 배움과 성장을 계속 이어가는 세대, 그것이 지금의 신중년이다. 이러한 변화는 개인의 감상을 넘어 사회적 흐름으로도 뚜렷하게 나타난다. 도서관은 단순히 책이 있는 공간이 아니라 독서의 환경을 만들어주는 곳이다. 조용한 분위기와 책으로 채워진 공간은 자연스럽게 집중력을 끌어내고 배움의 태도를 다시 세우게 한다. 신중년에게 독서는 취미로만 머물지 않는다. 꾸준히 책을 읽는 일은 기억력과 집중력을 유지하게 하고 뇌를 자극해 인지 기능을 돕는다. 또 다양한 분야의 책을 접하며 사회의 변화를 따라가고 새로운 정보를 이해하는 힘을 얻게 된다. 금융, 건강, 기술과 같은 주제는 생활과 직접 연결되며, 세상과 단절되지 않고 함께 호흡하게 만든다. 무엇보다 독서는 정서적 안정을 주며 혼자 있는 시간이 늘어나는 시기에 외로움을 덜어주고 마음을 단단히 붙들어준다. 책 속 한 문장은 삶의 위로가 되기도 하고 앞으로 나아갈 방향을 제시하기도 한다.

도서관에서의 독서는 단순히 시간을 보내는 행위가 아니다. 그것은 자신을 다시 발견하는 과정이다. 책장을 넘기는 순간 마음이 차분해지고 한 구절의 문장이 새로운 희망을 열어준다. 독서는 신중년이 '나는 여전히 배울 수 있고, 성장할 수 있다'라고 확신하게 하는 가장 단순하면서도 강력한 방법이다.

그리고 도서관에서 만나는 것은 책만이 아니다. 옆자리에 앉아 조용히 책을 읽는 동년배를 보며 묘한 친근감을 느낄 수도 있고 도서관에서 열리는 강좌를 통해 같은 공감대를 지닌 수강생과 인연을 맺을 수도 있다. 도서관은 이제 단순한 독서의 공간을 넘어 배움과 교류가 이어지는 공감의 광장이 되고 있다. 나와 비슷한 생각하는 사람을 만나고 내가 좋아하는 책과 작가를 함께 이야기하며 내가 쓰는 글과 닮은 글을 나누는 시작점이 도서관에서 가능해졌다.

그래서 도서관은 신중년의 자존감을 회복하는 공간이다. 세상의 중심에서 잠시 비켜나 있던 '나'를 다시 불러내는 장소. 그곳은 멀리 있지 않다. 일상의 한편에서 쉽게 닿을 수 있고, 누구나 편히 들어설 수 있는 가장 가까운 배움의 문턱이다. 도서관에서 책장을 넘기는 순간 신중년은 더는 과거에 머물지 않는다. 배움과 만남 속에서 새로운 가능성을 발견하고 삶의 무게보다 앞으로의 길을 더 깊이 바라보게 된다.

신중년은 끝이 아니라 전환이다. 그 전환을 어떻게 맞이할지는 결국 자기 자신이 결정해야 한다. 도서관은 그 선택이 이뤄지는 공간이다. 그리고 그 문은 오늘도 조용히 열려 있다. 다시 시작할 사람들을 기다리며.

↘ 노인정에서 도서관으로

예전의 60대가 '노인'으로 불리던 시대는 지났다. 지금의 신중년은 도서관에서 배우고, 책을 통해 다시 자신을 발견한다. 독서는 정서를 단단히 하며 삶의 방향을 새롭게 열어 준다. 신중년은 끝이 아니라 전환이다. 도서관은 그 전환의 문을 열어 주는 공간이다.

✳

친구보다 중요한
단 한 사람

한때는 '친구가 많다'라는 것이 곧 인생의 자산이라고 믿었다. 명함첩이 두껍고, 연락처에 이름이 빼곡하면 그만큼 잘 살아온 인생처럼 보였다. 연락처의 목록은 갈수록 늘어갔고, 저녁마다 모임이 있었으며 누구의 부탁이든 웬만하면 거절하지 않았다. 관계를 유지하고 확장하는 것이 곧 나의 사회적 가치를 증명하는 일처럼 느껴졌던 시절이 있었다. 그 무렵엔 직장 상사의 말이 당연히 이행해야 하는 명령처럼 여겨졌고 내 가정을 지키기 위해 나를 희생하는 것이 자연스러운 일이었다.

그러나 높은 자리에 있던 상사가 퇴직하고 한 달쯤 지나면 그 이름은 기억에서 지워졌고 더 연결하려는 이도 없다는 사실을 서서히 깨닫게 되었다. 문득, 모든 것에는 총량이 있다는 생각이 들었다. 인간관계도 예외는 아니었다. 처음엔 열정으로 버티지만 점점 버티는 시간이 길어지고 마찬가지로 관계에도 한계가 찾아온다. 인생에도, 감정에도, 에너지도 총량이 있다는 것을 서서히 깨닫게 되는 것이다. 나이가 들고 삶의 굴곡을 하나둘 지나며 인간관계에 대한 현실도 달리

보이기 시작했다. 진짜 관계는 숫자가 아니다. 이름을 안다고 해서 마음마저 아는 것은 아니며 자주 연락한다고 해서 깊은 사이가 되는 것도 아니다.

신중년이 된다는 것은 인간관계의 본질을 비로소 이해하기 시작하는 시기인지도 모른다. 불필요한 관계는 자연스럽게 멀어지고 억지로 붙들고 있던 인연은 어느새 조용히 손에서 놓인다. 그 공백이 처음에는 조금 외롭지만 시간이 지나면 깨닫는다. 지나간 인연에 미련을 가질 필요도 없고 억지로 끌려가는 인연에 내 시간을 낭비할 이유도 없다는 것을. 마음이 편안한 관계 하나가 내 삶을 얼마나 단단하게 지탱해주는지를 비로소 알게 된다.

이제는 굳이 애써 관계를 만들려 하지 않는다. 억지로 이어온 관계는 실은 쉽게 무너질 수 있다는 걸 깨달았기 때문이다. 함께 있어도 말이 필요 없는 사이, 오랜만에 연락해도 어색하지 않은 사이. 그런 관계가 지금은 더없이 귀하고 더없이 애틋하다. 예전엔 사람들 사이에 끼어 있어야 사회생활을 잘하고 있다는 착각이 들었다. 하지만 이제는 오히려 적당한 고독이 반갑다. 그 고요한 시간 덕분에 지금 곁에 있는 사람들의 소중함을 더 깊이 느낀다. 내가 진심으로 필요한 자리가 아닌 곳에 오래 머물면 그 관계는 어느 순간부터 의무가 되고, 부담이 된다.

신중년에게 지금 필요한 것은 수많은 인맥이 아니다. 나의 마음을 지켜줄 단 한 사람, 그것으로 충분하다. 무엇을 해도 나를 판단하지 않고 실수에도 미소로 감싸 주며 필요할 때는 말없이 옆에 있어 주는 사람. 같이 웃고, 같이 늙어갈 수 있는 사람, 나의 주변에는 그런 사람이 있는가?

나는 가끔 신중년 수강생들에게 이렇게 묻는다. "요즘, 가장 편하게 연락할 수 있는 사람이 있나요?" 그리고 그 사람을 주제로 글을 써 보자고 한다. 하지만 대부분 한참을 고민하다가 친구는 있다고 말하면서도 정작 편하게 연락하지는 못한다고 털어놓는다. 그 모습을 보며 다시 느낀다. 좋은 관계는 오래된 인연이 아니라 닿고 싶은 마음이 있는가 없는가의 문제라는 것을. 진심으로 그 사람에게 닿고 싶다는 의지가 관계를 시작하게 하고 그 마음이 이어져야 오래간다. 이제는 '나이'도 '경력'도 관계의 본질과는 무관한 시대다. 오히려 신중년이 된 지금이야말로 사회적 역할이나 명함을 내려놓고 비로소 '사람 대 사람'으로 만날 수 있는 시기다.

그렇다면 이제는 관계의 장소도 바꿔볼 필요가 있다. 나와 비슷한 생각을 하고, 내가 좋아하는 글을 쓰며, 정서적 유대감을 나눌 수 있는 온라인 공간은 어떨까. 낯설고 어렵게 느껴질지 몰라도 그 공간은 새로운 관계가 피어나는 곳이 될 수 있다.

지금의 신중년은 온라인 세상에서도 애매하게 '낀 세대'다. 인터넷 확장의 시기를 정면으로 마주하지 못했고, 본격적인 배움의 시기도 없었다. 20~30대가 주도하는 그 세계는 왠지 지금의 신중년과는 거리가 있어 보였다. "이 나이에 이걸 해도 될까?", "어설픈 모습 보이면 무시당하는 건 아닐까?" 그런 두려움과 쑥스러움이 우리를 한 발짝 물러서게 만들었다. 그나마 전문직에 있던 60대는 업무적으로 컴퓨터를 다룬 적이 있었지만 그렇지 못한 신중년은 키보드 자판 자체에 낯설다. 같은 나이라도 디지털에 대한 친숙도는 각기 다르다.

온라인과 오프라인에서 만난 사람들을 보면 태도는 크게 두 가지로 갈린다. 새로운 것을 천천히라도 배우고 익히려는 사람, 그리고 끝내 마음의 문을 닫아버리는 사람. 그 차이를 만드는 기준은 단 하나, 바로 수용할 수 있는 자세였다.

그 마음을 바꾸는 힘은 멀리 있지 않았다. 같은 세대를 살아가는 누군가가 책을 읽으며 삶의 균형을 찾아가고, 글을 쓰며 자기 생각을 다듬고 성장하는 모습을 곁에서 본 순간이었다. 그 모습은 젊을 때 느끼던 비교와는 달랐다. 이번에는 "나도 해 보고 싶다."라는 갈망이었다. 그들을 통해 내 마음에 자극이 되었고 그 자극은 곧 용기가 되었다.

그래서 지금 이 글을 읽는 당신이 온라인에서 배우고 성장하는 이들과 연결된다면 그 자체로 또 다른 사람을 이끌 수 있다고 믿는다. 시작은 언제나 어렵게 느껴지지만 대부분은 어려운 게 아니라 낯선 것이다.

어린 시절 우리는 수없이 넘어지며 낯선 것들을 배워 왔다. 자전거를 배우던 그날처럼, 한 글자 한 글자 써 내려가는 지금도 결국은 같은 맥락이다. 해 보지 않아서 어려웠던 것이고 시작하지 않아서 모를 뿐이었다. 글쓰기 수업을 하다 보면 처음에는 조심스럽던 사람들이 몇 주 뒤엔 서로의 글에 응원 댓글을 달고 때로는 눈시울을 붉히며 따뜻한 말을 건넨다. "당신의 글을 읽고 나도 위로 받았어요." 그 짧은 문장에서 서로를 품는 관계가 자라기 시작한다.

좋은 관계는 편안하다. 존재만으로 위로가 되고 말이 없어도 불편하지 않으며 오래 만나지 않아도 어색하지 않다. 굳이 설명하지 않아도 통하고 마음의 결이 비슷한 사람끼리는 글의 결과 책 속 문장에서도 서로를 알아본다. 그 작은 결이 글의 물결이 되어 독서의 과정으로 이어질 때 하나의 큰 물결로 확장된다.

내가 쓴 글을 읽고 나와 같은 책을 읽으며 공감해 주는 단 한 사람. 그 사람이 주는 위로와 응원은 과거 수십 명과 맺었던 관계보다 더 강하고 깊다. 책과 글을 매개로 이어진 관계는 단순한 만남을 넘어 서로의 삶을 붙잡아 주는 힘이 된다.

이제는 우리가 먼저 선택해야 한다. 좋은 관계를 '기다리는 사람'이 아니라 '만들어가는 사람'이 되어야 한다. 불필요한 인연에 감정을 낭비하지 않고 진심을 나눌 수 있는 사람과의 작은 연결을 시작해야 한다. 신중년의 삶은 혼자 걷는 길이기도 하지만 진짜 사람들과 함께 걷는 시간이기도 하다. 그 시간이야말로 인생의 후반전을 더욱 빛나게 만들 것이다. 그리고 우리는 지금 선택할 수 있다. 어떤 관계에 머물 것인지 어떤 사람과 나머지 인생을 나눌 것인지. 그리고 그 선택은 앞으로의 삶을 근본부터 바꾸게 될 것이다. 좋은 관계는 삶의 태도에서 비롯된 조용하고도 단단한 기적이다. 이제 그 기적을 시작할 차례이고 주인공은 당신이다.

↘ 관계는 기다림이 아니라 선택이다

억지로 붙드는 인연은 흩어지고 만다. 진심이 닿는 작은 연결 하나가 삶을 지탱한다. 신중년의 후반전은 바로 그 선택에서 시작된다.

✳

배움과 성장은
새로운 관계에서 시작된다

강의 현장과 SNS를 통해 다양한 신중년을 만나 대화를 나누다 보면 겉으로 드러나지 않는 고민이 보인다. 그중 하나는 '배움'에 대한 갈망이다. 그러나 그 갈망은 쉽게 드러나지 않으며 많은 분이 표현을 망설인다. "이 나이에 내가 새로운 걸 배울 수 있을까?"라는 질문 속에는 단순한 걱정 이상의 것이 담겨 있다.

그 마음 깊숙한 곳에는 사회적 편견과 오랜 고정관념이 자리 잡고 있다. 신중년이 살아온 시대에는 감정을 드러내지 않고 조심스럽게 말하는 태도를 미덕으로 여겼을지도 모른다. '나이에 맞게 행동하라.'라는 말에 익숙해지며 본심과 다른 말을 하는 일이 자연스러워졌을지도 모른다.

하지만 시대는 달라졌다. 지금은 표현의 시대다. 한국 사회에는 일종의 'guess 문화'가 있다. "말하지 않아도 알아주겠지.", "이 정도 표현이면 내 마음을 알겠지." 하지만 곧 그런 기대는 내 생각과 쉽게 어긋난다는 것을 알게 될 것이다. 자신을 표현하지 않으면, 누구도 알아주지 않는다. 오히려 말로 꺼낼 때 비로소 도움의 손길을 만날 수 있다.

배움에는 나이가 없다. 진짜 문제는 '어떻게 배우느냐?'이다. 신중년이 배움을 지속하려면, 단순히 정보를 얻는 데 그치지 않고 좋은 환경과 네트워크 속에서 함께 배워야 한다. 나는 강의 현장에서 그런 조심스러움을 자주 본다.

"이런 걸 물어봐도 될까요?"
"내가 질문을 해도 괜찮을까요?"

망설이는 표정과 말끝에 맴도는 불안감. 그런 모습을 볼 때면 나는 두 가지 방식으로 다가간다. 하나는 예상 질문을 미리 설명해주는 방식이고 다른 하나는 직접 묻는 방식이다. "어떤 게 궁금하세요?" 내가 이렇게 할 수 있었던 건, 그분들의 고민을 예측할 수 있었기 때문이다. 오랜 경험 덕분이었다. 하지만 시간이 지나면서 이 방식에는 한계가 있다는 사실을 깨달았다.

내가 먼저 모든 것을 알려주는 방식은 정작 그분들의 자발성을 자라지 못하게 한다는 단점이 있다. 마치 부모가 아이의 실수를 막아주는 것과 같지만 동시에 실수를 통해 배우는 기회를 빼앗는 셈이기도 하다. 신중년도 시행착오를 겪어야 한다. 자신의 속도대로 질문하고 그 과정에서 배워야 한다.

왜냐하면 강의가 끝난 후에는 더는 질문에 대답을 해 줄 사람
이 곁에 없을 수도 있기 때문이다. 그래서 강의 중에도 스스
로 해결해 보려는 태도를 키우는 게 중요하다고 느꼈다.

　강의가 끝날 무렵, 어떤 수강생들은 이런 걱정을 털어놓는
다. "강의가 끝나면, 내가 혼자 계속 이어갈 수 있을까요?"
나는 이렇게 답한다. "글에서도, 온라인 SNS로도 우리는 계
속 연결될 수 있습니다." 실제로 나는 배움을 이어가고자 하
는 분들과의 연결 창구를 항상 열어 두었다. 그 결과, 소통을
계속 이어가는 신중년 제자들이 점점 많아지고 있다.
　새로운 강의를 시작할 때마다 나는 이렇게 말한다. "여러
분을 뵐 때, 저는 나이를 기억에서 지웁니다. 오직 수강생으
로 대할 뿐입니다. 나이를 의식하는 순간, 편견이 개입됩니
다. 밖에서는 어른으로 예의를 갖추지만 강의 시간만큼은 배
우고 가르치는 관계가 되길 바랍니다." 이 말을 들은 수강생
들은 대부분 고개를 끄덕인다.

　나이 때문에 배움이 가로막히지 않기를 바라는 마음이 서
로에게 닿은 것이다. 물론 가끔은 지친 기색도 보인다. "역시
나는 안 되는 것 같아요." 그런 말이 나올 때, 나는 쉽게 동의
하지 않는다. "누구나 잘할 수 있다."라는 말도 진실이 아니
다. 하지만 "그래서 안 될 수도 있다."라는 말보다는 "느려도

괜찮습니다. 함께 가겠습니다."라고 말하는 편이 낫다. 그 말
이 장기적으로 훨씬 큰 위로와 동력이 되었다.

과정이 끝날 즈음이면, 내 진심을 이해해 주시는 분들이 많
다. 그들과 함께 배우고 성장하는 시간이 쌓이면서, 나는 한
가지 확신하게 되었다. 신중년에게 가장 필요한 건 '혼자 배
우지 않는 것'이다. 배움은 함께할 때 지속된다. 처음에는 조
심스럽던 수강생들도 점점 서로에게 묻고, 함께 답을 찾는다.

나와 비슷한 경험을 하고 비슷한 고민을 나누며 내가 쓰고
싶은 글과 닮은 글을 쓰는 사람들을 자주 마주하다 보면, 나의
가치를 조금씩 실감하게 될 것이다. 그 과정에서 배움의 즐거
움과 연결의 기쁨을 알게 된다.

그래서 나는 앞으로도 계속 이들과 연결될 수 있는 공간을
만들고자 한다. 신중년의 배움은 강의실에서 끝나지 않는다.
관계를 맺고, 네트워크를 만들며, 함께 성장하는 환경을 조
성하는 것. 그것이야말로 지속 가능한 배움의 힘이다. 배우
고 싶다면 먼저 연결하라. 연결하고자 하는 사람에게는 연결
되려는 통로가 보일 것이다. 함께 배우는 관계 속에서 우리
는 더 멀리 성장할 수 있다.

✳

함께 살아갈 때,
비로소 나의 삶도 자라난다

혼자 있는 시간이 많아진 신중년이다. 이제는 혼자의 시간에 어느 정도 익숙해졌지만 외로움과 마주하는 순간만큼은 여전히 낯설다. 고요함이 반가운 날도 있지만, 문득 벽처럼 다가오는 침묵이 버거운 날도 있다.

사회생활의 구성원으로 존재감을 확인하던 시절에는 나의 쓸모와 역할이 분명했다. 하지만 퇴직 이후 나를 필요로 하는 자리들이 하나둘 사라지고 어느 순간 '나는 쓸모없는 존재가 된 건 아닐까?' 하는 의문이 조용히 스며든다. 신중년의 삶은 그렇게 홀로 있는 시간과 함께 나누는 시간 사이에서 미묘한 균형을 찾아가는 시기다.

고립은 언제나 조용히 다가온다. 나이가 들수록 그 조용한

틈은 점점 넓어지고 깊어진다. 이제는 그 현실을 부정하기보다 인정하고 새로운 길을 찾아야 할 시점이다. 어쩌면 처음에는 단지 관계를 줄이고 싶다는 마음에서 시작되었을지도 모른다. 복잡한 인간관계에 지치고 반복되는 의무감에 숨이 막혀서였을 것이다.

하지만 외로움을 느낀다는 건 인생이 다시 한번 나에게 '자신을 돌아보라'라고 말하는 신호일 수 있다. 늘 바쁘게 살아왔던 시절엔 외로움을 느낄 여유조차 없었다. 그런 시간을 지나고 나서 찾아오는 이 고요함은 어쩌면 나 자신을 깊이 들여다볼 수 있게 해주는 선물 같은 시간일지도 모른다. 하루 1분의 여유도 없던 그 시절, 우리는 간절히 혼자의 시간을 원하지 않았던가. 그토록 바라던 시간이 지금 내 앞에 있다면 그 시간을 거절하기보다 따뜻하게 환대할 필요가 있다. 그렇게 조금씩 익숙해진 혼자의 시간은 때로는 편안함으로 다가오고, 때로는 은근한 고립으로 이어지기도 한다.

그러다 문득 복잡한 모임에 피로를 느끼고 의무적인 대화에 불필요함을 느끼게 된다. 자연스럽게 "혼자가 편해."라는 말이 입에 붙고, 어느 날은 아무 반응 없는 휴대폰 화면을 멍하니 바라보게 된다. 그 순간 문득 드는 생각. '혹시 나는 이제 누구에게도 필요 없는 사람이 된 걸까?'

외로움이라는 감정은 참으로 양면적이다. 고요함과 고독 사이를 오가며, 때로는 마음을 가라앉히고, 때로는 마음을 잠식한다. 고요함은 내가 선택한 정적이지만 고독은 어느 날 조용히 침투해 들어오는 감정이다. 그렇게 시작된 내면의 스산함은 점차 사회적 고립으로 이어지기도 한다. 누구도 고립을 원하지 않았지만 동시에 누구도 적극적으로 그것을 막으려 하지 않았기 때문이다.

그래서 연결을 향한 노력이 신중년에게는 더없이 중요하다. 불편하고 어색하더라도 관계의 끈을 놓지 않으려는 자세가 삶의 온도를 지켜준다. 하지만 우리는 그 중요성을 종종 너무 늦게야 깨닫는다. 다만, 모든 고요가 고립은 아니다. 우리가 선택한 고요는 때때로 성찰의 시간이 된다. 진정한 고요는 나 자신을 있는 그대로 마주하게 만들고, 그로부터 성장이 시작된다. 어쩌면 신중년에게 가장 필요한 시간은 바로, 이 '성숙한 고요'일지도 모른다.

삶은 결국 사람과의 연결 위에 놓여 있다. 건강한 인간관계란 단순히 많은 사람과 어울리는 것이 아니다. 오히려 많은 이들과 함께 있으면서도 정작 마음 둘 곳이 없어 더 깊은 외로움을 느끼는 예도 있다. 진짜 중요한 것은 내가 편히 머물 수 있는 사람, 내 마음이 다치지 않고 닿을 수 있는 사람과의 연결이다. 신중년에게 '연결'은 이제 삶의 질을 결정짓는 결정적 가치다. 지금까지 살아온 방향을 되돌아보게 하고, 앞으로의 삶을 더욱 풍요롭게 만들어줄 수 있는 출발점 역시 바로 이 연결에 있다.

무리하지 않고, 억지스럽지 않게 그러나 느슨하지 않게, 자연스럽게 관계의 선을 이어가는 것. 그것이 신중년에게 맞는 건강한 인간관계의 방식이다. 그러기 위해선 새로운 시도도 필요하다. 한 번쯤 스무 살의 나를 떠올려 보자. 그 시절, 우리는 수없이 부딪히고, 넘어지고, 다시 일어서며 길을 찾았다. 무엇이든 해낼 수 있을 것 같았고 실패조차 하나의 경험으로 여겼던 때였다. 지금 우리가 서 있는 이 시기는 어쩌면 인생의 '세 번째 스무 살'이다. 그 시절의 도전 정신을 다시 불러내 마음속으로 다짐해 보자. "지금도 나는 할 수 있다."라고.

삶의 방식은 어느 날 갑자기 바뀌지 않는다. 사람의 성향은 어린 시절 가정에서 형성되고 사회생활을 거치며 다듬어진다. 그렇게 굳어진 방식은 신중년이 되어도 여전히 영향을 미친다. 어떤 이에게는 그 방식이 유리하게 작동하지만, 자신도 불편하다고 느꼈다면 이제는 탈피가 필요한 시점이다. 때로는 주변의 인간관계를 거의 다 비워내도 괜찮다고 생각한다. 어쩌면 삶에서 정말로 필요한 인간관계는 마음을 깊이 나눌 한두 사람만으로도 충분한 것 아닐까 하는 생각이 든다. 그 단단한 관계는 지금부터 천천히 쌓아가도 늦지 않다. 그리고 그 새로운 연결은 꼭 오프라인이 아니더라도, 디지털 공간 안에서도 충분히 가능하다. 그렇다면 우리는 이 연결을 어떻게 시작할 수 있을까?

내 말을 믿기 어려울 수도 있다. 하지만 한 번쯤 시도해보길 권한다. 하루 한 번, 댓글 하나. 진심을 담은 답글 한 줄. 그 작은 소통이 신중년의 외로움을 덜어 주는 놀라운 연결고리가 될 수 있다. 물론 세상은 여전히 불신과 위험으로 가득하다. 보이스피싱, 스미싱 같은 사이버 범죄 때문에 디지털 세상이 낯설고 무섭게 느껴질 수 있다. 하지만 뉴스는 언제나 따뜻한 이야기보다는 논란을 더 크게 키운다.

글의 세계는 조금 다르다. 진심이 오가고, 마음이 머물며, 정서가 풍요로워지는 공간이 된다. 실제로 나는 온라인에서 정서적 교감을 나눈 이들이 오프라인에서 깊은 관계로 이어지는 모습을 자주 보았다. 인사치레 없는 진짜 연결, 내가 좋아하는 것을 상대도 좋아할 때의 감정. 때로는 오래된 친구보다 더 깊고 따뜻한 관계가 된다. 글을 쓰다 보면 더 잘 쓰고 싶어지고 서로에게 좋은 사람이 되고 싶은 마음이 생긴다. 처음에는 어색하고 서툴 수 있지만 진심은 결국 통한다. "나도 그래요." 그 짧은 한마디만 있어도, 그날의 외로움은 절반

쯤 사라진다. 혼자 있는 삶에 익숙해지는 것과 고립 속에 자신을 가두는 것은 전혀 다르다. 혼자는 선택이지만 고립은 방임이다.

신중년의 삶은 더는 세상과의 단절로 흘러가서는 안 된다. 작은 연결부터 시작하자. 스스로 손을 뻗고 작은 관심을 이어가는 사람이 되어야 한다. 외로움을 관계의 시작점으로 바꾸는 일. 그것이 일상을 다시 따뜻하게 만들고, 삶의 방향을 바꾸는 첫걸음이 된다. 건강한 인간관계를 유지하는 법은 거창하지 않다. 관계를 점검하고, 불편한 감정을 감싸 안고 나의 진심을 조금씩 드러내는 용기. 좋은 말을 건네고, 누군가의 이야기에 귀를 기울이며 서로 거울이 되어주는 것.

그것만으로도 고립은 천천히 밀려나고 삶은 다시 온기를 되찾는다. 우리는 누구나 외로움을 느낀다. 그러나 그 외로움 속에서 멈추지 않고 손을 뻗는다면 반드시 누군가는 응답할 것이다.

좋은 연결이란 나를 가만히 두어도 괜찮은 사람과의 만남이다. 그 사람의 기쁨 앞에서 함께 웃고 슬픔 앞에서 조용히 안아줄 수 있는 사람. 그리고 나 역시 누군가에게 그런 사람이 되어야 한다. 그렇게 서로의 고립을 지우며 우리는 다시 따뜻한 세상으로 들어갈 수 있다. 혼자여도 괜찮지만 누군가

와 함께할 수 있다면 더 좋다. 그 믿음 하나가 신중년의 삶을
지키는 단단한 기반이 되어줄 것이다.

↳ 신중년의 관계는 선택이다

외로움은 누구에게나 찾아온다. 그 외로움에 갇히면 고립이 되고, 손을 내
밀면 연결이 된다. 좋은 관계는 많을 필요가 없다. 서로의 고립을 지워줄
단단한 한 사람, 그것이면 충분하다.

체력과 마음, 두 축을 지켜라

4장은 신중년이 몸과 마음의 균형을 유지하며, 삶의 질을 높이는 데 필요한 실질적인 전략을 다룬다. 건강은 젊음을 유지하는 문제가 아니라, 남은 삶을 어떻게 잘 살아낼 것인가에 관한 질문이다. 지금부터는 '건강하게 오래 사는 법'보다 '의미 있게 살아가는 법'을 알아간다.

체력이 곧 나의 자산이다

한때 나는 인생을 통째로 바꾸고 싶었다. 더는 끌려다니는 삶을 살 수 없다며, 내가 나를 벼랑 끝까지 몰고 있을 때, 우연히 책 한 권을 만나게 되었다. 책은 내게 말을 걸었다. "지금 이대로의 삶이 괜찮은가?" 그 물음에 쉽게 답할 수 없었지만, 나는 독서를 하며 처음으로 나 자신과 조용히 마주 앉았다.

책을 읽기 시작하면서 삶의 방향이 달라졌다. 그리고 같은 꿈을 꾸며 같은 책을 읽는 사람들을 만나게 되었다. 그들과의 거리를 좁히고 싶은 마음에 글을 쓰기 시작했다. 처음엔 내 안을 정리하기 위해 쓴 글이었지만, 점점 누군가에게 도움이 되고 싶다는 마음으로 바뀌었다. 그렇게 나는 신중년이라는 삶의 시기를 살아가는 사람들을 만나게 되었다. 그들과의 대화 속에서 나 자신의 삶도 다시 정리되기 시작했다. 그들의 이야기를 세상에 전하고 싶어 책을 썼고, 그 이야기를 더 많은 사람과 나누고 싶어 강의를 시작했다. 모든 시작은 나를 위한 마음에서 출발했지만 그 끝은 자연스럽게 누군가를 위한 마음과 연결되었다. 삶의 전환점은 그렇게 조용히 그러나 분명하게 다가왔다.

하지만 여기에 중요한 한 가지가 있었다. 바로 지속 가능한 동력, 즉 체력이었다. 처음에는 열정만으로 충분했다. 매일의 글쓰기, 새로운 만남, 강의 준비, 콘텐츠 제작… 모든 것이 신선한 자극이었고, 가슴이 뛰었다. 그러나 시간이 흐르자 몸이 점점 따라주지 않는다는 사실을 절실히 느꼈다. 해야 한다는 것을 알지만, 어느 날은 글쓰기가 무기력하게 느껴지고, 강의를 마치면 몸이 천근만근처럼 무거워졌다. 머리는 여전히 하고 싶다고 말했지만, 몸은 조용히 신호를 보냈다. "조금만 쉬자.", "오늘은 그만하자."

그 순간 두려움이 밀려왔다. 혹시 이 모든 것도 과거 직장 생활처럼 억지로 버텨야 하는 일이 되어버리는 건 아닐까? 깊이 들여다보니 문제는 마음이 아니라 몸이었다. 우리는 흔히 마음이 힘들다고 생각하지만, 실제로는 몸이 이미 오래전부터 신호를 보내고 있는 경우가 많다. 정신건강의학과 전문가들이 말하듯, "몸과 마음은 하나다." 몸이 지치면 마음도 함께 무너지고, 몸이 단단하면 마음도 다시 일어난다.

강의 현장에서 만난 신중년 수강생들도 같은 이야기를 들려주었다.

"열정은 있는데 몸이 따라 주지 않는다."

"하고 싶은 건 많지만, 예전 같지 않은 체력이 두렵다."

그들의 고민은 곧 나의 고민이기도 했다. 우리는 나이를 거슬러 살 수는 없지만, 건강하게 살아갈 방법은 반드시 찾아야 했다.

체력은 단순한 건강관리가 아니다. 철학도, 글도, 관계도, 체력이 없으면 무너진다. 하고 싶은 일을 오래도록 지속하기 위해 신중년에게 가장 먼저 필요한 것은 '체력을 지키는 일'이다.

체력이 무너지면 마음이 즐거웠던 일도 함께 무너진다. 하고 싶었던 일은 의무가 되고 기쁨은 고됨으로 변한다. 평범한 일상에도 짜증이 섞이고 아무렇지 않은 질문에도 예민해진다. 결국 내 삶만 힘들어지는 것이 아니라 주변까지 힘들게 만드는 일이 된다.

그렇다면 어떻게 체력을 지켜야 할까? 거창한 운동이 필요하지는 않다. 중요한 건 꾸준함이다. 매일 30분의 걷기, 가벼운 조깅이나 실내 자전거, 간단한 스트레칭만으로도 충분하다. 몸은 강도를 기억하지 않고, 지속성을 기억한다. 나이가 들수록 줄어드는 근육을 지키기 위해서는 근력 운동도 필요하다. 작은 아령, 맨몸 스쾃, 가벼운 플랭크 같은 기본 동작만으로도 몸의 균형을 회복할 수 있다. 여기에 호흡과 스트레칭을 곁들이면 긴장이 풀리고 회복도 빨라진다.

생활 속 작은 습관도 큰 힘이 된다. 엘리베이터 대신 계단을 오르고, 가까운 거리는 걸어 다니며, 집안일을 스스로 해내는 것 모두가 체력의 자산이다. 작은 움직임들이 쌓여 결국 삶의 리듬을 만든다.

특히 되도록 오전에 운동하는 것이 좋다. 아침의 유산소 운동은 하루를 맑게 만든다. 땀을 흘린 신중년의 얼굴에는 같은 나이대와는 다른 생기가 묻어난다. 젊어 보이는 50대, 60대, 70대를 유심히 살펴보면, 그들의 하루 패턴 안에 반드시 '운동 루틴'이 자리하고 있음을 알 수 있다.

나는 매일 오전 루틴을 마친 뒤 헬스장으로 향한다. 러닝머신 위에서 생각을 정리하고 몸을 움직이는 동안 글감이 자연스럽게 떠오르기도 한다. 땀을 흘린 뒤 책상 앞에 앉으면 문장이 훨씬 선명해지고 정돈된다. 몸이 맑아지면 마음이 가벼워지고 마음이 가벼우면 글도 따뜻해진다.

운동을 1년 가까이 이어오며 변화를 확실히 느꼈다. 글을 쓸 때 머리가 맑아졌고 강의를 마친 뒤에도 회복 속도가 빨라졌다. 무기력의 길이는 짧아지고 마음의 번민도 금세 제자리를 찾았다. 수강생들도 말했다. "선생님, 얼굴이 더 밝아지셨

어요." 체력의 변화는 나만 아는 것이 아니라, 관계 속에서도 자연스럽게 드러났다.

몸이 바뀌면 생각이 달라지고, 생각이 달라지면 말이 달라지고, 말이 달라지면 결국 삶이 달라진다. 체력이 있으면 하루를 해낼 추진력이 생기고, 내일도 다시 일어날 수 있는 복원력이 자라난다.

신중년에게 체력이란 단순히 몸을 관리하는 일이 아니다. 계속 살아가겠다는 의지의 표현이며, 끝까지 꿈을 붙잡겠다는 조용한 약속이다. 그 약속은 거창하지 않다. 오늘, 지금 이 순간, 몸을 위해 움직이는 작은 선택에서 시작된다. 하루 30분의 땀이 내일을 버티게 하고 삶을 사랑할 수 있게 한다.

↘ 신중년의 체력은 삶의 기반이다

열정만으로는 오래가지 못한다. 몸이 무너지면 마음도 함께 흔들린다. 꾸준한 움직임이 나를 지키고 내일을 버티게 한다. 체력은 꿈을 끝까지 이어가겠다는 조용한 약속이다.

※

작은 습관이
큰 건강을 만든다

앞장에서는 체력의 중요성을 이야기했다. 몸이 버텨주지 않으면, 하고 싶은 마음도 길게 이어지지 않는다는 걸 절감했다. 그리고 그 체력을 유지하려면 단기간의 몰입이 아니라 날마다 반복해 주는 '습관'이 필요했다. 이제 나는 그 습관을 어떻게 만드는가 그리고 그 습관이 삶을 어떻게 바꾸는가에 관해 이야기해 보려 한다.

습관은 얼마나 지나야 몸에 밸까. 흔히 '66일의 법칙'이나 '100일의 기적'이라는 표현도 있지만 내 경험으로는 최소 1년은 지나야 비로소 습관이 자리 잡았다. 처음에는 새로운 습관을 직접 경험하는 시간이 필요하다. 나에게 맞지 않는 습관까지 억지로 이어갈 이유는 없다. 이 판단을 내리기까지 약 100일이 걸린다. 100일이 지나면 나에게 맞는 습관이 무엇이고 버려야 할 습관과 이어갈 습관이 분명해진다. 그때부터는 좋은 습관이 몸에 자연스럽게 스며들도록 꾸준히 반복해야 한다.

나에게는 너무도 당연한 일이지만, 남들이 볼 때는 대단해

보이는 것들이 있다. 보여주기 위해 만든 습관은 아니지만 어느새 내 삶에 익숙하게 자리 잡은 것들이다. 살다 보면 누구나 번아웃과 슬럼프를 겪는다. 사회생활을 하거나 인간관계 속에서 살아간다면 이 감정은 피해갈 수 없다. 찾아오지 않는 사람은 없다.

중요한 것은 그 자리에서 얼마나 오래 머무느냐 그리고 얼마나 빨리 원래의 나로 돌아올 수 있느냐다. 그것은 결국 내가 어떤 습관을 지니고 사는가에 달려 있다. 평소에 단련해 둔 습관들이야말로 위기의 순간 나를 붙잡아 다시 일어서게 만든다. 어둡고 긴 터널을 지나게 하는 힘은 거창한 것이 아니라 내가 매일 쌓아온 작은 습관들이다.

나는 오래도록 글을 쓰고 싶었다. 1년짜리 열정이 아니라, 죽기 전까지 쓸 수 있는 삶. 매일 한 줄씩이라도 이어지는 기록, 시간과 세월이 지나도 흐트러지지 않는 생각의 줄기가 펼쳐지는 삶을 꿈꾸며 지금을 살고 있다. 같은 시간에 나가도 풍경이 바뀌듯, 매일 다른 감정과 생각이 나를 지나간다. 그것들을 흘려보내지 않고 꾸준히 붙들고 싶었다.

그리고 깨달았다. 좋아하는 일을 오래 하려면 그 일을 의무로 느껴지지 않게 만드는 힘이 필요하다는 것을. 그 마음의 습관들을 글로 표현하기 위해서는 내 마음에 긍정적인 것들을 꾸준히 채워야 한다는 것을 경험으로 알게 되었다. 좋은 것만 보고 좋은 사람들과 함께하는 것이 필연적으로 필요한 것이다. 험담하는 무리에는 끼지 않고 비방과 비난 속에서 나를 구출해 내야 했다.

어떤 일을 시작할 때, 많은 사람이 열정만으로 충분할 것이라 착각한다. 하지만 그 감정은 생각보다 오래가지 않는다. 처음엔 불처럼 타오르지만, 하루 이틀 건너뛰면 금방 식어버린다. 그리고 그 순간부터 '다시 시작해야 한다.'라는 부담이 생긴다.

나 역시 그런 경험을 했다. 매일 글을 쓰겠다고 결심했고, 한동안 몰입을 했다. 하루에 2천 자 가까운 글을 3편씩 쓰기도 했다. 그 시간은 분명 뜨겁고도 충만했다. 그러나 나도 모르게 점점 분량을 늘리고, 반응을 기대하고, 목표를 키우다 보니 즐거웠던 글쓰기가 어느새 압박이 되어 돌아왔다. 글쓰기가 일이 되기 시작했고 그 순간 나는 내 글에서 멀어졌다.

그러다 마음을 바꿨다. "오늘 하루 한 문장만 써도 좋다." 나에게 주어진 그 작은 허용이 글과 나 사이의 거리를 다시 좁혀 주었다. 작은 목표는 나를 실패하게 두지 않는다. 독서도 마찬가지였다. 처음에는 한 권을 완독해야 의미가 있다고 생각했다. 그러나 그렇게 마음을 먹으면 오히려 책을 펼치기가 두려워졌다. 그래서 기준을 바꿨다.

"하루에 10쪽만 읽자." 그렇게 가볍게 책장을 넘기다 보면, 어느새 한 권이 끝나 있고, 다시 새로운 책이 내 옆에 놓여 있었다. 작은 독서의 루틴이 내 사고를 단단히 하고, 생각의 끈을 이어주었다. 가벼운 글쓰기, 20분 뛰기, 10쪽 독서. 심리적으로 부담 없는 행동이 오히려 가장 오래가는 루틴이 된다. 운동도 마찬가지였다. 처음엔 1시간은 해야 운동 같다고 느꼈다. 하지만 매일 하려고 하니 금세 지쳤다. 그래서 다시 기준을 세웠다. "매일 20분이라도 몸을 움직이자." 그게 루틴이 되고, 그 루틴이 내 체력을 지탱해주었다.

작은 실천은 내가 나를 놓치지 않도록 도와주는 '감각의 리듬'이다. 어떤 날은 글 한 문장을 썼고, 어떤 날은 책 몇 쪽을 읽었고, 또 어떤 날은 감정이 격해져 글을 쓰지 못했지만 대신 그 감정을 노트에 끄적였다. 그것도 기록이고 그것도 삶이다. 작은 목표들이 모여 내 일상을 다시 살려냈다.

그 목표는 내가 지켜야 할 무게가 아니라 내 삶을 오래도록 감당하게 해 주는 바탕이 되었다. 작은 실천 하나가 내 자존감을 지켜주고 내 마음을 다시 앞으로 걸어가게 만든다. 스스로 매일 질문하길 권한다. "오늘 나는 나에게 어떤 시간을 주었는가?", "나는 오늘, 어떤 작은 노력을 해냈는가?" 그리고 거기에 대한 답은 거창할 필요가 없다. 어제보다 한 걸음, 단 한 줄이라도 전진했는가. 그것이면 충분하다. 남이 아니라 오직 나를 위해서 내가 나에게 베푸는 시간이 얼마나 되는가? 매일 되물어야 할 숙제다.

신중년의 삶에서 가장 강력한 전략은 "계속할 수 있는 습관 하나"를 만드는 일이다. 그 습관이 곧 내 삶을 붙잡아 주는 구조가 된다. 하루하루를 의미 있게 채워 주는 틀이 된다. 나에겐 그 습관이 글쓰기였고, 그 글을 지켜 주는 도구가 운동이었다. 그리고 그 모든 것을 가능하게 한 것은 작은 목표와 그로 인한 작은 성취였다. 작은 목표는 나를 지치게 하지 않고 포기할 이유도 줄인다. 무엇보다 나를 다시 돌아보게 한다. 거창한 계획보다 내일도 이어갈 수 있는 오늘의 작은 목표가 더 낫다. 작은 움직임이 곧 시작이다.

작은 목표는 단순한 루틴이 아니다. 그건 성공의 감각을 되살리는 일이다. 작은 성공이 반복될수록 삶의 에너지는 서서히 회복된다. 크고 거창한 성공은 결코 한 번에 오지 않는다. 진짜 중요한 건 '다시 도전할 수 있는 감각'을 잃지 않는 것. 그리고 그 감각을 회복시키는 유일한 방법은 작은 성공의 경험을 매일 쌓아가는 것이다.

신중년이 작은 성공을 쌓아갈 수 있는 〈셀프 진단 체크리스트〉를 제작해 보았다. 기본에서 시작해 실천으로 이어지고 확장으로 넓어지는 3단계 루틴으로 구성되어 있다.

오늘 하나, 내일 두 개, 그리고 나에게 맞는 루틴들을 쌓아갈 수 있으면 그걸로 충분한 쓰임이 있겠다는 생각을 한다. 아래 체크리스트와 활용 팁을 참고해서 함께 보길 권한다.

↘ 작은 목표가 오래 버티게 하는 힘이 된다

체력은 단기간의 열정으로 지켜지지 않는다. 습관이 몸에 스며들어야 오래 버틸 수 있다. 글쓰기, 독서, 운동 같은 작은 루틴이 번아웃 속에서도 나를 다시 일으켜 세운다.

신중년을 위한 작은 성공 체크리스트

오늘 하루, 나는 … (✓ 체크해 보세요)

---

1. 독서와 글쓰기 – 생각을 다지고 기록으로 남기는 습관

    ① 기본 : 읽고 남기기

    ☐ 오늘 책 한 페이지라도 읽었다

    ☐ 마음에 남은 문장을 밑줄 긋거나 기록했다

    ② 실천 : 글로 표현하기

    ☐ 오늘 떠오른 글감 하나를 메모했다

    ☐ 블로그나 노트에 글 한 줄이라도 썼다

    ③ 확장 : 나누고 정리하기

    ☐ SNS에 짧은 글귀나 생각을 나눴다

    ☐ 글쓰기를 위한 자료나 아이디어를 정리했다

2. 마음 돌봄과 감정 관리 – 작은 위로로 하루를 지켜내는 법

    ① 기본 : 마음 챙기기

    ☐ 감사한 일을 세 가지 적었다

    ☐ 나를 위한 시간을 30분 이상 가졌다

② 실천 : 감정 살피기

☐   마음을 다독이는 글 · 음악 · 영상을 접했다

☐   오늘 가장 의미 있는 순간을 떠올렸다

③ 확장 : 자기 이해와 표현하기

☐   내 감정을 이해하고 기록하였다

☐   힘들었던 감정을 누군가와 나누며 해소했다

3. 건강 관리 – 지속하기 위해 필요한 체력의 바탕

① 기본 : 가볍게 움직이기

☐   10분 이상 스트레칭하거나 산책했다

☐   피로도를 살피고 내 몸을 움직였다

② 실천 : 꾸준히 단련하기

☐   운동 루틴헬스, 달리기, 요가 등을 실천했다

☐   필요한 영양소를 고르게 섭취했다

③ 확장 : 생활 리듬 지키기

☐   식사 시간을 규칙적으로 지켰다

□   수면 시간과 기상 시간을 일정하게 유지했다

4. 관계와 사회적 연결 – 함께할 때 더 단단해지는 삶

① 기본 : 가까운 관계 돌보기

□   가족이나 지인에게 안부를 전했다

□   가까운 이와 짧은 대화를 나눴다

② 실천 : 모임과 교류하기

□   관심 있는 모임온 · 오프라인에 참여했다

□   누군가의 글에 진심 어린 댓글을 남겼다

③ 확장 : 사회적 연결 넓히기

□   신중년 관련 강좌나 프로그램을 찾아보았다

□   온라인 커뮤니티에 짧은 인사를 남겼다

✓ **활용 팁**

하루에 세 개만 체크해도 충분하다. 다섯 개를 채운 날이면 더없이 훌륭하다. 체크 옆에 짧은 메모를 남기면 그날의 마음과 순간이 기록된다.

공허와 우울,
마음의 적을 이겨내자

신중년 세대가 될수록 마음 한편에 빈틈이 생긴다. 그 틈으로 공허함이 스며든다. 대개는 예상치 못한 순간에 찾아온다. 갑자기 마음속을 헤집어놓고는 아무 일 없었다는 듯 사라진다. 그런데 그 감정은 쉽게 가라앉지 않는다. 한참을 돌고 돌아 마음속에 오래 머물며 나를 흔든다. 나도 그런 공허함에 빠졌던 날이 있다. 이유 없이 마음이 허전하고, 뭔가 잃어버린 것만 같은 날이었다. 그때 문득 외할머니가 떠올랐다.

어린 시절, 잠시 머물렀던 외갓집 풍경이 또렷하게 되살아났다. 할머니는 화투를 좋아하셨다. 혼자 계실 땐 조용히 점을 치셨고, 어르신들과 모이면 본격적으로 놀이가 시작됐다. 마루 위에 펼쳐진 화투패, 내리치는 소리, 여기저기서 터지는 웃음소리, 그리고 그 안에서도 유독 또렷했던 할머니의 표정. 그땐 몰랐지만, 지금은 조금 알 것 같다. 왜 그 시간이 할머니에게 소중했는지 말이다. 할머니에게 화투는 단순한 오락이 아니었다. 스스로 즐거움을 찾아내고 외로움을 견디며 늙어가는 자신을 다독이는 작은 의식과도 같았다. 삶이 주는 쓸쓸함 속에서 자신을 잊지 않으려는 노력이었을지도 모른다. 어쩌면 그건 외할머니만의 루틴이었고 자신을 지키는 방식이었을지도. 화투 한 장에 오늘의 기분을 담고, 또 다른 한 장엔 어제를 덜어내며 그렇게 감정을 정리하고 있었던 것 같다.

신중년이 되면 '늙어간다.'라는 말이 현실로 다가온다. 예전 같지 않은 몸의 반응에서 체력의 변화를 느끼게 되고, 익숙했던 관계들이 하나둘 멀어지면서 마음도 조금씩 시든다. 늙는다는 건 자연스러운 일이다. 길가에 핀 꽃처럼, 들판의 풀처럼, 겨울의 눈처럼. 자연스러운 건 그 자체로 당연하다는 뜻이니까. 하지만 중요한 건 그 변화를 어떻게 받아들이고 살아내느냐이다. 어떤 이는 글을 쓰며 마음을 다잡는다. 또 어떤 이는 책을 읽으며 빈 마음을 채운다. 활자 속에서 새로운 세계를 만나고, 오래된 지혜를 받아들이며 삶의 균형을 찾는다. 걷기와 운동도 큰 힘이 된다. 단순히 산책을 나서는 것만으로도 머릿속이 정리되고, 바람을 맞으며 몸을 움직이는 행위가 마음을 가볍게 해 준다. 누군가는 그림을 그리고, 누군가는 악기를 배우고, 또 누군가는 정원을 가꾸며 하루를 정성스럽게 채운다. 방법은 다르지만 모두가 자신을 잃지 않기 위해 선택한 루틴이다.

그래서 작가로 늙어간다는 것은 조금 다르다. 세상을 바라보는 시선이 깊어지고 삶의 결을 더 정교하게 담아내게 된다. 그래서 많은 작가가 나이 드는 걸 두려워하지 않는지도 모르겠다. 글을 쓰는 사람을 우리는 작가라고 부른다. 자기 마음을 기록하고 세상을 보는 자신만의 관점을 글로 남기는 사람. 나도 오래도록 그렇게 살고 싶다. 내 시선으로 세상을 바라보고 변해가는 마음과 삶의 조각들을 세심하게 기록하고 싶다. 그건 내가 살아 있다는 걸 증명하는 일이고 늙어간다는 사실을 자연스럽게 받아들이는 과정이기도 하다. 그래서 나는 나이 들어 생겨나는 시선의 깊이를 기대한다. 더 깊은 글을 쓸 수 있는 사람이 되고 싶다.

70대 중반의 블로그 이웃이 해 준 말이 오래도록 나의 마음에 남았다. "노화는 막을 수 없지만 노쇠는 막을 수 있어요." 몸이 늙는 일은 어쩔 수 없지만, 정신이 늙는 일은 우리의 선택이라는 뜻이었다. 어느 날 문득 스스로 질문을 던졌다. 지금 나는 나를 위해 어떤 노력을 하고 있나? 내 성장을 위해 꾸준히 이어가고 있는 건 뭐가 있지? 아니면 그냥 조용히 지금이라는 시간에 무뎌지고 있는 걸까? 그 질문은 단순한 반성이 아니었다. 어쩌면 지금부터라도 다시 시작할 수 있다는 다정한 응답 같았다. 늙어간다는 현실 앞에서 우리가 붙들어야 할 건 체념이 아니라 '마음을 움직이려는 의지'라는 것을 그 문장을 통해 새삼 배웠다.

며칠 전, 우연히 인스타그램에서 자신을 80세라고 소개한 사용자의 계정을 보게 됐다. 화려한 편집도 없고 유행하는 필터도 없었으며 팔로워나 조회수 같은 것도 전혀 중요해 보이지 않았다. 그런데도 그 계정은 유독 눈길을 끌었다. 매일 자신의 일상을 사진으로 담고, 짧은 글로 기록하며 하루를 정성스럽게 쌓아가고 있었다. 사진은 정갈했고 글은 담백했다. 하지만 그 안엔 놀랄 만큼 단단한 에너지가 있었다. 무엇보다 인상 깊었던 건, 그분이 단순히 시간을 소비하는 게 아니라 '시도'하고 있다는 점이었다. 그 시도는 거창하지 않았다. 그저 매일의 삶 속에서 자신을 지우지 않기 위한 조용한 몸짓처럼 느껴졌다. 누군가는 그 계정을 보며 "이 나이에 SNS라니!"말할지도 모르겠지만, 나는 그 안에서 나이와 상관없이 새로운 걸 시도할 수 있다는 가능성을 봤다.

스레드에서도 비슷한 사례를 본다. '예순'이라는 나이를 브랜딩으로 활용하는 사람들이다. 예순에 요가를 시작하고, 필라테스를 배우고 글을 쓴다. 그 자체가 하나의 메시지가 된다. 단순한 취미가 아니라 나이를 스스로 증명해내는 방식. 누군가에겐 용기 또 누군가에겐 출발점이 된다.

신중년 대상 강의 때마다 나는 이런 이야기를 한다. "나이를 브랜딩으로 활용해 보세요." '내 나이가 많아서요.'라는 말 대신 '예순입니다.', '일흔입니다.'라고 당당히 말해보자. 나이를 약점이 아닌 정체성으로 만들면 그 자체가 콘텐츠의 힘이 된다. 그 나이대 사람들에게 희망이 되고 젊은 세대에겐 감동이 된다. 그게 바로 '브랜딩 언어'다.

실제로 여든에 블로그를 시작하고, 일흔에 인스타그램을 운영하고, 예순에 스레드 친구가 되어 소통을 이어가는 분들을 보며 깊이 감동한다. 하루 반짝하는 게 아니라, '내가 꾸준히 할 수 있는 콘텐츠'를 찾는 것이 중요하다. 결국, 콘텐츠는 꾸준함에서 탄생한다. 독서, 글쓰기, 운동, 취미, 기록. 무엇이든 좋다. 꾸준히 할 수 있는 무언가를 붙잡고, 반복하고, 기록하고, 나누는 일. 그런 사람들은 삶의 만족도도 자신감도 더 크게 성장하고 있다.

다시 외갓집의 풍경과 당시의 할머니를 떠올려 본다. 돌아가신 지 40년 가까이 되었지만, 지금 이 시대에 살아 계셨다면 나는 분명 인스타그램을 알려드렸을 것이다. "할머니, 이걸로 하루를 기록해 보세요." 스마트폰으로 사진 찍는 법, 글쓰는 법을 직접 보여드렸을지도 모른다. 화투를 펼쳤던 담요 대신 게시글의 화면이 놓이고 화투패 대신 스마트폰이 손에 쥐어졌을 것이다. 그렇게 외할머니는 또 다른 방식으로 자신을 지키셨으리라.

시대는 바뀌었지만 '자기 자신을 돌보는 방식'의 본질은 바뀌지 않았다. 우리는 우리 자신을 잃지 않기 위한 루틴이 필요하다. 그리고 그 루틴은 각자에게 가장 자연스럽고 익숙한 방식으로 선택되고 지속되어야 한다. 공허함은 갑자기 멀리서 오는 게 아니다. 마음속 빈틈에서부터 조용히 스며든다. 아무도 모르게 그러나 분명하게. 그래서 우리는 그 빈틈을 내버려 두지 말고 '작은 무언가'로 채워야 한다. 글을 쓰는 일, 책을 읽는 일, 사진을 찍는 일, 동네 산책, 그림 그리기, 악기 다루기 등 무엇이든 괜찮다. 중요한 건 그것이 '나를 위한 시간'이라는 점이다. 하루에 단 한 가지라도 나를 위해 움직였다면 그 하루는 절대 공허하지 않다.

'오늘의 나는 나를 위해 무엇을 했는가?'

이 질문에 단 한 줄이라도 진심으로 대답할 수 있다면, 그 하루는 충분히 의미 있는 날이다. 그 시간은 나를 지켜주는 울타리가 되고 다시 나를 믿게 해 주는 힘이 된다. 그리고 그 믿음이 쌓이면 어떤 나이에도, 어떤 시기에도 우리는 다시 시작할 수 있다. 그렇게 모인 시작들이 인생 후반전을 더 단단하고 아름답게 이끌어 준다.

↳ **신중년, 공허함을 돌보는 법**

나이가 들수록 마음속엔 빈틈이 생기고, 공허함이 불쑥 찾아온다. 글쓰기, 독서, 산책, 운동, 취미 같은 반복은 공허함을 성장의 시간으로 바꿔준다. 나이는 약점이 아니라 정체성이다. 꾸준한 시도와 기록은 곧 삶의 힘이 된다. "오늘 나는 나를 위해 무엇을 했는가?" 이 질문에 답할 수 있다면, 그 하루는 결코 헛되지 않은 것이다.

✳

나만의 루틴으로
삶을 새롭게 설계하기

신중년의 삶은 예전보다 시간의 여유가 생긴다. 그러나 여유를 제대로 활용하는 사람은 생각보다 많지 않다. 특히 퇴직 후 갑작스럽게 일상의 틀이 사라지고 명확했던 역할이 사라질 때 많은 이들이 여유보다는 무기력함과 혼란을 먼저 경험한다. 긴장과 집중으로 가득 찼던 일상이 사라지고, 하루의 중심이 없어질 때 우리는 방향을 잃는다.

그럴수록 중요한 건 하루를 스스로 설계하는 힘이다. 예전에는 회사가, 가정이 내 하루의 기준점을 정했다. 퇴직 후라면 이제는 내가 내 하루를 책임져야 한다. 이 책임감은 처음엔 낯설고 버거울 수 있지만 점차 나만의 리듬이 생기고 그 리듬이 곧 자유가 된다. 그리고 그 자유는 다시 삶의 동력이 된다.

많은 신중년이 퇴직 후 1년 정도는 쉼과 여행으로 시간을 보내며 자신을 돌아본다. 또 새로운 배움을 이어가기도 하고, 문화센터나 평생 교육기관에서 캘리그라피, 요가, 서예 등 다양한 취미를 배우기도 한다. 파크골프나 댄스 같은 활동을 통해 몸과 마음의 균형을 찾으려는 이들도 있다. 하지만 이것은 삶의 연금이 축적된 이들에게 가능한 여유일지도 모른다.

한편 어떤 이는 생계를 위해 일용직을 선택하거나 아파트·학교·건물의 경비 일을 하며 하루를 채운다. 생계의 의미도 있지만 그보다 더 중요한 것은 삶의 리듬을 잃지 않으려는 마음이다. 사람은 누구나 자기만의 일이 필요하다. 일은 단순히 돈을 벌기 위한 수단이 아니라 나의 시간을 의미 있게 만드는 과정이기도 하다.

나이가 들수록 이 사실은 더욱 분명해진다. 노화의 속도는 단순히 몸의 문제가 아니라 자기만의 일과 루틴을 얼마나 꾸준히 이어가느냐에 따라 달라진다. 그래서 신중년에게 '일'은 생계 활동을 넘어 나를 위한 시간을 어떻게 활용하느냐의 문제로 확장된다. 중요한 건 그 시간이 단순히 소모되는 시간이 아니라 성장의 시간으로 전환되어야 한다는 점이다. 그 시간을 '성장을 위한 시간'으로 바꿀 수 있을 때 신중년의 인생은 다시금 탄력을 받는다.

야간 경비를 하며 주간 수업을 듣는 분, 주간 근무를 하며 야간 대학을 다니는 분도 있다. 시대의 흐름에 맞춰 AI 관련 공부를 시작하거나 SNS 활용법을 익히며 새로운 방식으로 세상과 소통하려는 이들도 있다. 자신의 인생을 글로 정리하며 돌아보는 사람도 있다. 결국 이 모든 변화는 '하루를 어떻게 쓰느냐?'에서 시작된다.

하루를 어떻게 쓰느냐는 곧 루틴을 만드는 일이다. 루틴은 거창할 필요가 없다. 중요한 건 나를 위한 일정을 내가 직접 짠다는 사실이다. 오전에는 산책, 점심에는 책 읽기, 저녁에는 간단한 정리나 일기 쓰기처럼 작고 소박한 계획이어도 충분하다. 핵심은 '반복'이다. 반복이 나의 리듬을 만들고 내면의 안정감을 만들어 준다.

루틴을 짤 때 기억할 한 가지는 어렵거나 꺼려지는 일을 하루 중 가장 먼저 해치우는 습관이다. 예를 들면 30분 달리기, 1만 보 걷기, 매일 한 편의 글쓰기, SNS 콘텐츠 만들기, 영어 문장 암기 같은 일들이다. 아침에 그 일을 해내면 하루 전체의 흐름이 달라진다. "시간이 없다."라는 말은 결국 우선순

위의 문제다. 같은 하루 24시간을 살면서도 전혀 다른 삶을 살 수 있다. 내 인생을 새롭게 설계하기 위해 내 시간을 다시 디자인해야 한다.

루틴은 나를 '정돈된 삶'으로 이끄는 사다리다. 계획 없이 흘러가는 하루는 아무런 결과를 남기지 않지만, 루틴이 있는 하루는 삶의 방향 위에 나를 세운다. 내가 나를 챙기고 있다는 감각, 내 삶을 여전히 내가 설계하고 있다는 자각은 생각보다 큰 힘이 된다. 신중년에게 루틴은 단지 할 일을 정해 놓는 것이 아니라 삶의 주도권을 되찾는 과정이다.

여기서 특히 주목해야 할 세 가지 루틴이 있다. 바로 독서, 글쓰기, 운동이다. 독서는 새로운 지식과 타인의 삶을 접하게 하고 사고의 폭을 넓혀준다. 글쓰기는 그 배움을 내 삶에 녹이고 정리하는 과정이다. 또한 내 경험과 생각을 기록하면서 나의 역사를 새롭게 써 내려가는 힘을 준다. 운동은 그 모든 과정을 가능하게 해 주는 힘이다. 걷는 동안 생각이 정리되고 몸과 마음이 함께 움직이면서 삶의 균형이 잡힌다. 이 세 가지 루틴은 신중년의 정신적·육체적 건강을 함께 지켜주는 든든한 기둥이다.

내 일상이 평온하고 마음의 여유가 있을 때 루틴을 만들어야 한다. 그렇게 이어지는 반복은 어느새 몸이 기억하고 마음이 따라 움직이게 된다. 때로는 지치는 순간이 오고 삶에 위기가 찾아오더라도 만들어 놓은 루틴이 나를 구해주는 경험을 하게 된다. 루틴은 내 삶의 자동 복구 장치가 된다. 처음부터 완벽할 필요는 없다. 중요한 건 작게라도 꾸준히 하는 것이다. 아침에 글 한 줄 쓰기, 저녁에 좋았던 일 하나 적기, 하루에 10분 좋아하는 음악 듣기. 이처럼 작지만 반복되는 루틴은 감정을 다독이고 마음을 안정시키는 힘이 있다.

특히 글을 쓰는 사람에게 루틴은 더욱 중요하다. 마음이 어지러울 때는 글이 쉽게 써지지 않는다. 그래서 글을 쓰기 전 마음을 다듬는 루틴이 필요하다. 나만의 글쓰기 장소를 마련하거나 글을 쓰기 전 커피 한 잔을 마시고 책 한 페이지를 읽는 습관을 들이는 것. 이런 행위들이 글쓰기의 문을 여는 열쇠가 될 수 있다. 매일 한 문장이라도 쓰는 습관은 결국 한 편의 글이 되고 책이 되고 나만의 인생 기록이 된다.

신중년은 이제 새로운 삶의 방식을 스스로 만들어야 하는 시기다. 누구도 내 루틴을 대신 정해 주지 않는다. 그래서 더 의미 있다. 내가 원하는 방식으로 하루를 디자인할 수 있다는 것. 그것은 인생의 주도권을 다시 찾는 과정이기도 하다. 무엇보다 루틴은 삶의 방향을 잃지 않도록 도와준다. 특별한 일이 없어도, 기분이 들뜨지 않아도, 루틴은 조용히 나를 일으켜 세운다. 루틴이 있다는 것은, 오늘 하루도 내가 나를 돌보고 있다는 증거다. 루틴은 삶의 기준점이자 작은 반복의 힘이며, 우리의 삶을 단단하게 지탱하는 기둥이다.

혹시 지금 당신에게 익숙한 루틴이 없다면, 아주 작고 사소한 것부터 시작해보면 좋다. 아침에 좋아하는 음악 한 곡 듣기, 저녁에 선선한 공원길을 산책하기, 하루에 몇 쪽의 책이라도 읽어보기. 이렇게 쌓인 작은 습관들은 어느새 나만의 리듬이 되어 삶을 따뜻하게 채워줄 것이다. 그리고 그 리듬은 언젠가 또 다른 새로운 루틴을 스스로 만들어낼 힘으로 이어질 것이다.

그리고 잊지 말자. 하루의 루틴은 단지 오늘을 위한 것이 아니다. 그것은 내일을 살아갈 나에게 보내는 작은 응원이자 미래를 위한 단단한 밑그림이다. 내가 설계한 하루가 내 인생의 다음 장을 더 단단하게 만들어줄 것이다. 하루의 루틴은 결국 내 삶을 다시 살아가게 하는 일상의 마중물이다.

↳ 신중년에게 루틴이 필요한 이유

퇴직 후의 여유는 방향을 잃은 혼란으로 바뀌기 쉽다. 루틴은 하루를 설계하고 삶의 주도권을 되찾게 한다. 특히 독서·글쓰기·운동은 지식과 성찰, 균형을 동시에 준다. 작고 반복되는 습관은 무기력에서 나를 구하는 자동 복구 장치다. 루틴은 오늘을 지탱하고 내일을 준비하는 삶의 마중물이다.

＊

배우고 쓰고 떠나라, 자유롭게 사는 삶

신중년의 시간은 어쩌면 인생에서 처음으로, '나를 위해 써도 되는 시간'일지 모른다. 아이를 키우느라, 일하느라, 가족을 돌보느라, 늘 뒷전으로 밀려나 있던 '나의 시간'이 조용히 고개를 든다. 한 번쯤 해 보고 싶었지만 미루어야 했던 것들. 그 마음이 오랜 시간 마음속에 묻혀 있다가, 이 시기에 이르러 조심스레 다시 꿈틀거린다.

그런데 누군가는 이렇게 말할지도 모른다. "이 나이에 무슨 꿈이냐." 하지만 내가 강의 현장에서 만난 수많은 신중년의 얼굴을 떠올려보면 그 말은 결코 진심이 아님을 알 수 있다. 그것은 결국 오래된 사회적 인식, 그리고 우리가 스스로 쌓아온 벽일 뿐이다. 우리는 꿈이라는 단어를 자연스럽게 10대, 20대에게만 허락된 것처럼 여겨왔다. 신중년의 꿈은 그저 마음속에만 간직해야 하는 것으로 표현조차 조심스럽고 제한된다고 여겨왔다.

그러나 아무도 그렇게 말한 적은 없다. 그건 스스로 내린 판단이었다. 그 누구도 금지하지 않았지만 혼자서 마음의 선을 그어온 것이다. 지금 이 글을 읽고 있는 당신도 어쩌면 어딘가에서 꿈을 향한 마음이 여전히 살아 있음을 느끼고 있을지 모른다. 꿈이 없는 것이 아니라 말할 용기와 계기가 부족했던 것뿐이다. 지금 당장은 뚜렷한 꿈이 없을 수는 있어도 꿈을 꾸고 싶지 않은 사람은 없다.

신중년에게도 여전히 '꿈을 꿀 수 있는 나'는 남아 있다. 그리고 예전보다 한결 가벼워진 마음으로 이제는 그 꿈을 향해 한 걸음씩 나아갈 수 있다. 표현할수록 가까워진다는 말을 이 시기에야 비로소 실감할 수 있다. 그렇게 마음이 움직이기 시작하면 주변의 풍경도 조금씩 달라 보인다. 예전보다 시간이 있다. 여유도 생겼다. 무엇보다 '나 자신을 위한 선택'을 할 수 있는 용기가 생겼다.

누군가는 일주일에 한 번 문화센터에서 그림을 배우며 잊고 지냈던 삶의 색을 다시 찾는다. 누군가는 처음 기타를 잡고, 손끝에서 흘러나오는 서툰 멜로디에 가슴이 뛴다고 말한다. 그렇게 무심코 지나치던 순간들이 다시 의미를 품는다. 작은 취미의 시작이 어느새 삶 전체를 따뜻하게 물들인다.

취미는 단순한 여가가 아니다. 젊은 시절, 그저 이력서 한 칸을 채우기 위해 억지로 만들어낸 '관심사'와는 전혀 다른 이야기다. 이제 취미는 감정을 정돈하고, 자존감을 회복하며, 삶의 주도권을 되찾는 중요한 수단이 된다. 그리고 그 취미를 더 깊고 넓게 확장시켜 주는 것이 바로 '배움'이다. 신중년에게 배움은 성적이나 자격증을 위한 것이 아니다. 그것은 '나답게 살아가기 위한 실험'이자 새로운 나와 만나는 도전이다.

나를 작게 만드는 배움은 없다. 오히려 다시 크게 살아가게 만드는 확장성이 된다. 결과보다 과정이 빛나고 성과보다 하루하루의 성취가 소중해지는 시기. 조금 느리면 어떤가. 다음 주에 시험이 있는 것도 아니고 조금 부족하다고 혼내는 선생님도 없다. 그 누구에게 보여주기 위한 공부가 아닌 나를 위한 배움이기에 가능한 일이다. 하루의 배움으로 단 하나의 새로움을 알아가는 일. 그 안에 담긴 설렘과 성장은 신중년의 삶에 다시 도파민을 흐르게 한다.

나이에 상관없이 설렐 수 있다는 것. 그 사실 하나만으로도 삶은 다시 젊어진다.

신중년은 익숙한 것만 반복하며 살기엔 여전히 너무 많은 가능성을 가진 세대이다. 나이가 들수록 취미는 삶의 안전장치가 되고, 배움은 변화를 받아들이는 마음의 준비가 된다. 무언가를 처음 시작하기에 부족한 나이는 없다. 오히려 조금 더 단단해진 지금이야말로 인생의 두 번째 시작점에 가장 적합한 때다.

그리고 또 하나 나를 돌보는 방법 중 특별한 것이 있다. 바로 여행이다. 많은 이들이 여행을 멀리 떠나는 특별한 이벤트로 여기지만 사실 여행은 장소보다도 '의도된 이탈'에 더 큰 의미가 있다. 꼭 캐리어를 끌고 해외로 나서지 않아도 된다. 오늘 버스를 타고 도시의 반대편까지 가보는 것도 여행이고 평소 가보지 않았던 골목길을 산책하는 것도 여행이 된다. 여행은 익숙한 일상을 잠시 떠나 낯선 풍경 속에서 나를 다시 바라보는 시간이다.

그 두려운 한 걸음이 삶을 삶 바깥으로 끌어내는 용기가 된다. 새로운 장소를 걷고, 낯선 풍경을 바라보며 자신을 환기하는 일. 그 모든 것이 "그래도 이만큼은 왔다."라는 삶의 위로로 돌아온다. 멀리 가지 않아도 괜찮다. 가까운 바다나 한적한 도시 또는 동네 뒷산이라도 좋다. 조금 느긋한 마음으로 지금 이 순간을 온전히 누리는 일. 그것이 신중년에게 가장 필요한 여행의 정의일지 모른다.

지금이 가장 좋은 시기이다. 여전히 늦지 않았고, 아무것도 지나가지 않았다. 취미는 삶에 온기를 불어넣고 배움은 나를 다시 성장시키며 여행은 마음을 환기한다. 이 셋이 어우러질 때 우리는 더 머무르지 않고, 조용히 그러나 단단하게 앞으로 나아갈 수 있다.

그리고 언젠가 누군가가 묻는다면 이렇게 대답해도 좋을 것이다.

"요즘은요, 배우고 있고요. 쓰고 있고요. 가끔은 떠나기도 해요. 그게 지금의 나에게 제일 가슴 뛰는 일이에요"

내 몸을 나를 위해 쓰는 시간, 내 삶을 다시 사랑하는 시간. 지금이 바로 그 시간이다.

> ↘ **신중년, 다시 나를 위해 시간을 쓰다**
> 아이와 가족, 일에 내어주던 시간을 이제는 나를 위해 쓸 수 있다. 취미는 삶을 따뜻하게 물들이고 배움은 나를 다시 확장시키며 여행은 마음을 환기한다. 나이에 상관없이 설렐 수 있다는 사실 하나만으로 신중년의 인생은 다시 젊어진다.

✳

더 쓰이고 싶다는 간절한 마음

신중년은 늘 두 갈래의 길 위에 서 있다. 한쪽은 이미 다 살아낸 것처럼 무기력에 젖는 길이고, 다른 한쪽은 여전히 더

하고 싶다는 갈망으로 가득한 길이다. 신중년 세대와 대화를 하면 빠지지 않는 말이 있다. "이제는 조금 내려놔야지요." 하지만 그 눈빛은 말과는 달리 여전히 빛난다. 그 속에는 표현하지 못한 또 다른 고백이 숨어 있다. "아직 나는 쓰일 수 있다."

오랫동안 가족을 위해, 회사를 위해, 사회를 위해 살아왔다. 자식의 학비를 감당하고, 회사의 성과를 짊어지고, 부모의 노후를 돌보며 자신을 뒤로 미뤄왔다. 그러나 막상 그 자리에서 물러난 순간, 마음에는 공허함이 찾아온다. "이제 나는 어디에 쓰일 수 있을까?"

일터에서의 역할이 줄어든 만큼 허전함이 커지고 집에서도 예전처럼 필요하지 않다는 느낌이 들 때, 마음은 더욱 흔들린다. 이것이 신중년이 안고 있는 애환이다. 하지만 조금만 깊이 들여다보면 그 속에는 여전히 살아 있는 욕구가 있다. 더 배우고 싶다. 새로운 일을 해 보고 싶다. 내 경험이 누군가에게 도움이 되기를 바란다. "나는 아직도 쓸모가 있다."라는 감각을 확인하고 싶은 것이다. 이 욕구는 결코 부끄러운 일이 아니다. 우리는 누구나 누군가에게 필요하다고 느낄 때 삶의 의미를 얻는다. 쓰임은 곧 존재의 힘이 된다.

해답은 거창하지 않다. 새로운 취미를 시작하는 일, 오래 동안 미뤄둔 배움을 다시 이어가는 일, 혹은 작은 글 한 줄을 남기는 일. 이런 작은 선택들이 신중년의 마음을 다시 일으켜 세운다. 실제로 많은 신중년이 봉사 현장에서 활력을 되찾는다. 주민센터, 노인정, 취약계층 어르신 곁에서 본인의 재능을 나누거나, 소일거리를 도우며 의미를 찾는다. 그 과정에서 "내 손길이 누군가의 삶을 바꾸고 있구나."라는 쓰임의 가치를 경험한다.

또 어떤 분들은 디지털 학습에 도전한다. 스마트폰 기초, AI 기초 과정을 배우며 시대의 흐름에 뒤처지지 않으려 애쓴다. 자녀에게 묻는 것이 오히려 더 어렵다고 말하는 이들, 가족과의 배움 공유가 더 힘들다고 고백하는 이들이 있다. 그래서 신중년은 스스로 배움터로 향한다. 배움의 자리에서 공허함을 채우고, "내가 아직 잘할 수 있구나."라는 확신을 얻는다. 그 성취감은 효능감을 넘어 자존감을 세워 주고, 또 다른 배움으로 이어진다. 이렇듯 취미는 삶에 색을 더하고, 배움은 내일을 설레게 하며 봉사는 관계 속에서 나의 자리를 다시 발견하게 한다.

강의실에서 처음 글을 쓰던 분들은 늘 이렇게 말한다.
"나는 글을 쓰는 법을 몰라요."

하지만 시간이 흐르면 같은 분들이 이렇게 바뀐다.

"이 나이에도 이렇게 설레는 일이 있다는 게 참 놀라워요."

그 말은 단순히 글에 대한 소감이 아니다. 삶에 대한 선언이다. 쓰임은 곧 설렘이고, 설렘은 곧 살아 있다는 증거다. 내 경험이 누군가에게 닿을 수 있다는 믿음은 신중년을 다시 움직이게 한다.

나는 강의실 한쪽 편에서 그들의 이야기를 곱씹는다. 아직 내가 직접 살아보지 않은 시간이기에 매번 새로운 장면을 마주하듯 들여다 본다. 그분들이 쓴 글은 단순한 문장이 아니다. 살아온 시간을 정리하는 기록이고 그 기록은 자기 자신을 존중하는 선언이다. 기록은 곧 "나는 이만큼 살아왔다."라는 증명이자 "앞으로도 살아가고 싶다."라는 고백이다.

배움에 나이는 없다. 더 알고 싶다는 마음이 있다면 언제든 시작할 수 있다. "이 나이에도 이렇게 설레는 일이 있네요." 강의 중 어느 수강생이 했던 이 한마디는 아직도 내 마음에 남아 있다. 설렘은 청년의 전유물이 아니다. 신중년의 배움에도, 새로운 도전에도, 글쓰기에도 설렘은 살아 있다. 배우겠다는 마음, 쓰겠다는 마음, 나를 다시 만나고 싶다는 마음이 바로 설렘의 시작이다.

신중년에게 필요한 건 더 화려한 성취가 아니다. 지금의 나를 있는 그대로 인정하면서도, 여전히 "조금 더 잘하고 싶다."라는 마음을 놓지 않는 것이다. 더는 젊은 날의 나를 증명하려 애쓰지 않아도 된다. 그러나 그렇다고 지금의 나를 초라하게 볼 이유도 없다. 내 삶을 기록한다는 건 곧 나를 존중하는 일이다. 기록은 지나온 시간을 헛되지 않게 하고, 흩어진 기억을 하나의 궤적으로 묶어준다. 그리고 그 기록을 다시 읽는 순간, 우리는 스스로 이렇게 말할 수 있다.

"나는 괜찮은 삶을 살아왔다."

그 깨달음이야말로 자기 자신을 존중하는 가장 확실한 방법이다. 신중년은 단지 늦게 출발한 세대가 아니다. 오히려 삶의 깊은 지점에서, 더 마음을 다해 다시 출발하는 세대다. 우리는 이미 잘 살아왔다. 그러나 여전히 "나는 더 쓰이고 싶다."라는 간절함 하나가 우리를 앞으로 이끈다. 그리고 결국 이 한 문장으로 귀결된다.

"나는 아직 쓰이고 싶다."

그 마음이 있는 한, 신중년의 삶은 언제든 다시 시작할 수 있다.

↘ 더 잘하고 싶다는 마음, 그 간절함으로

신중년의 마음속에는 여전히 쓰이고 싶다는 갈망이 살아 있다.
역할이 줄어든 자리에 공허함이 찾아와도 배움과 설렘을 향한 불씨는 꺼지지 않는다. 취미·배움·봉사·글쓰기는 그 마음을 다시 일으켜 세우는 길이다.
그 간절한 마음 하나가 신중년을 앞으로 나아가게 한다.

인생 후반전, 나만의 길을 설계하라

5장은 신중년이 인생의 후반을 설계하고, 자신만의 길을 찾아 의미 있는 삶을 살아갈 수 있는 구체적인 방법을 소개한다. 삶의 방향은 외부가 아니라 내면에서 시작된다.

✳

다시 꿈을 꾸어라,
늦지 않았다

"한 번 사는 인생이잖아요." 우리가 익숙하게 들어온 말이다. 주로 삶의 역경을 딛고 다시 일어선 사람들이나 인생의 후반부에 접어든 이들의 입을 통해 자주 들을 수 있다. 그들은 흔히 말하는 '성공한 사람들'이었고, 곧이어 이렇게 말하곤 했다.

"주저하지 말고, 도전해 보세요."

하지만 이상하게도 그 말은 막연하게만 들린다. 대개 도전이 시작되는 순간은 어떤 전환점을 맞이했을 때다. 삶이 흔들리고 방향을 다시 잡아야 할 때. 그제야 우리는 비로소 그 말의 무게를 느낀다. 그리고 그 흔들림 속에서도 누군가는 결국 문을 연다. 외면하고 더 깊은 어둠으로 빠지는 사람도 있고, 문을 열고 새로운 도전을 시작하는 사람도 있다. 결국 그 문은 자기 삶을 다시 살아내는 문이다.

고명환 작가의 사례에서도 비슷한 이야기를 확인할 수 있다. 그는 큰 교통사고를 겪은 뒤 죽음 직전에 이르렀을 때 이런 생각을 했다고 한다. "왜 나는 내 삶을 내가 주도하지 못했을까. 왜 그렇게 끌려만 다녔을까." 그의 고백을 들으면서 나 역시 멈춰 서게 되었다. 나도 얼마나 많은 꿈을 그럴듯한 이유를 대며 미뤄왔던가. 타인의 기대를 의식하고 남의 시선을 신경 쓰느라 정작 내가 좋아하는 일은 매번 뒷전이었다.

사람은 누구나 마음속에 설렘의 씨앗을 하나쯤 품고 산다. 그러나 대부분은 그것을 꺼내지 못한 채 묻고 살아간다. 마음속에 도전의 불씨를 품고 있으면서도 막상 행동으로 옮기기란 쉽지 않다. 현실은 발목을 잡고, 익숙함은 변화를 망설이게 만든다. 그럴 때는 자신을 움직일 주문이 필요하다.

'이래도 어렵고 저래도 어렵다면, 한 번 해 보는 게 낫지 않을까?'
'설령 하고 나서 후회하더라도 하지 않고 남는 아쉬움보다는 낫지 않을까?'
하지만 막상 결정의 문 앞에 서면 다시 주저하게 된다. 그 주저함은 또 하루를 또 한 달을 그대로 지나가게 만든다.

안정된 직장에서 틈틈이 다음을 준비하는 사람도 있고, 당장 생계에 매달리느라 변화를 꿈꾸기 어려운 사람도 있다. 나 또한 한때는 현실에만 충실히 사는 것이 최선이라고 믿었다. 그래서 오히려 새로운 것을 준비하는 사람이 한심해 보이기도 했다. 그러나 시간이 지나면서 깨닫게 되었다. 그 마음은 부러움이었다. 할 수 없다고 단정 지은 내 안의 반작용이었고 엄밀히 말하면 '못 하는 것'이 아니라, '하기 싫은 것'이었다. 두려움에 눌려 가능성을 외면한 것이다. 많은 사람이 그 자리에 버티고 있는 이유는 그 자리가 좋아서가 아니라 떠오르는 대안이 없기 때문이다. 그래서 고민은 깊어지고, 마음은 무뎌지며, 점점 익숙함이라는 울타리 안에 자신을 가두게 된다. 그러니 문득 궁금해진다. '나이를 먹는다고 해서 이런 고민에서 자유로워질 수 있을까?' 청년기에는 책임이 크다. 가족을 부양해야 하고, 미래를 준비해야 하기에 마음대로 위험을 감수하기 어렵다. 장년기에는 의무가 많다. 자녀 교육, 부모 부양, 직장에서의 책임이 겹겹이 쌓여 있어 새로운 도전을 시작하기 힘들다. 하고 싶은 일이 있어도 해야할 일이 너무 많다.

그러나 신중년의 시기는 다르다. 더는 남에게 설명하지 않아도 되고, 이제는 나를 위해 시간을 써도 괜찮은 시기다. 미뤄두었던 일, 한 번쯤 해보고 싶던 일들을 꺼내 놓을 수 있다. 두려움이 먼저 다가오지만 지금 시작하지 않으면 10년 뒤에도 우리는 똑같은 질문을 던지고 있을 것이다. 그리고 그 질문은 시간이 흐를수록 더 무겁게 우리를 짓누를 것이다.

나 역시 처음엔 글을 쓴다는 것이 낯설고 막막했다. 무엇을 어떻게 써야 할지도 몰랐다. 그저 하루에 한 편씩 써보자는 마음으로 시작했다. 그러다 보니 어느새 꾸준히 글을 쓰는 사람이 되었고, 그 글이 모여 책이 되었다. 내 책을 통해 누군가가 내게 다가왔다. "이런 이야기를 더 듣고 싶어요.", "강의도 해 보시면 좋겠어요." 그때 알게 되었다. 내 삶의 이야기가 누군가에게 쓰임이 될 수 있다는 것을. 그리고 그것이 또 다른 기회로 연결될 수 있다는 것을.

신중년에게 도전은 선택이 아니다. 지금이 아니면 할 수 없는, 인생 후반부의 특권이다. 삶의 무게를 견뎌본 사람만이 자기만의 속도로 걸을 수 있다. 그리고 지금 이 시기는 가장 자유롭고도 가장 평온한 도전의 시간이다. 혹시 지금 머릿속에 문득 떠오른 생각이 있다면 그게 바로 지금 시작해야 할 일일지도 모른다.

망설이지 말자. 이제는 누군가의 허락이 아니라 나 자신의 선택으로 살아도 되는 나이다. 지금까지 살아온 모든 경험은 누군가에게 길이 될 수 있다. 내가 오늘 쓴 단 한 줄의 글이 또 다른 누군가의 삶을 움직일 수도 있다. 지금의 나는 새로운 연결을 만들어 낼 수 있는 충분한 자격이 있다. "나는 지금, 나를 위한 꿈을 다시 꾼다." 이 문장이 누군가의 삶에 새

로운 시작이 되어주기를. 그리고 당신에게도 그 시작이 함께
하기를.

도전은 특별한 순간에만 필요한 것이 아니라, 흔들림 속에서 삶을 다시 살
아내는 문이다. 신중년은 남의 기대가 아니라, 나를 위해 시간을 쓸 수 있
는 시기에 섰다. 작은 시작이 길이 되고, 그 길은 누군가의 삶을 움직이는
힘이 된다. 망설임을 내려놓을 때, 신중년의 꿈은 늦지 않게 다시 현실이
된다.

✳

50대 이후,
태도와 실천이 삶을 갈라놓는다

신중년 세대가 되면 인생은 다시 한번 큰 갈림길에 선다.
40대까지만 해도 비슷비슷해 보였던 사람들이, 50대를 지나
며 서서히, 그러나 분명하게 차이가 나기 시작한다. 그 차이
는 단순히 재산이나 직업 때문만은 아니다.

진짜 차이는 삶을 대하는 '태도'에서 벌어진다. 태도는 어
느 날 갑자기 형성되는 것이 아니다.

젊은 시절에는 재능과 열정만으로도 살아갈 수 있을 것 같

았다. 하지만 그때부터 태도를 만드는 사람들이 있었다. 사람을 대하는 태도, 일을 시작하고 지속하는 태도, 실수에 대응하는 태도, 잘못과 부정에 직면했을 때의 태도. 보이지 않는 작은 차이가 서서히 인생의 격차를 만들고 있었다.

어쩌면 40대까지는 앞만 보고 달리느라 자신을 돌아볼 여유가 없었을지도 모른다. 그러나 50대 이후부터는 독립된 내가 선명해지는 순간이 찾아온다. 자녀들은 어느덧 성장해 부모의 손길 없이도 제 할 일을 해내고, 그때쯤 돌아본 내 몸은 예전 같지 않다. 갱년기의 그림자가 어른거릴 수도 있다.

예전에는 "하면 된다."라던 말이, 이제는 "되면 한다."라는 말로 바뀌는 시기다. 시작은 더 두려워지고, 새로운 도전과 모험은 남의 이야기가 된다. 이윽고 은퇴가 현실이 되고, 아이들은 독립하며, 몸과 마음에 변화가 찾아온다. 그래서 이 시기에 중요한 질문은 바로 이것이다. '이제부터의 삶을 어떻게 채울 것인가.' 집, 인간관계, 하루의 루틴, 작은 취미들. 이 모든 것이 '남은 인생'이 아니라 '지금부터 다시 시작하는 인생'을 만들어 준다.

경제적인 격차도 이 시기에는 더욱 또렷해진다. 그동안 축적한 자산이나 부모에게서 물려받은 유산이 삶의 차이처럼 느껴질 수 있다. 부동산, 주식 같은 투자 지식을 꾸준히 쌓아 온 사람들을 보며 내 형편을 한탄할지도 모른다. 하지만 돈은 필요하지 않다는 말은 솔직하지 못한 말이다. 돈은 분명 필요하고, 많을수록 좋은 것도 사실이다. 돈이 있으면 가장 근본적으로 좋은 이유는 '마음의 여유'를 가질 수 있기 때문이다. 남들에게 아쉬운 소리를 하지 않아도 되는 것, 그것이 주는 자존감은 생각보다 크다.

하지만 돈이라는 가치는 상대적이다. 조선 중기 학자 구봉 송익필의 시 〈足不足〉족부족에 보면, 不足之足每有餘부족지족매유여 足而不足常不足족이부족상부족 이라고 했다. "부족하면서도 족하게 생각하면 늘 남음이 있지만, 족하여도 부족하다고 여기면 언제나 부족하다."라는 뜻이다. 결국 만족은 외부가 아니라 내 마음에서 시작된다.

그래서 경제적 조건이 삶의 전부는 아니다. 진짜 격차는 '삶의 정서'를 채우는 활동에서 만들어진다. 좋은 사람들과의 관계, 내가 좋아하는 일로 채워진 하루, 스스로 삶을 설계할 수 있는 주도성. 이것이 삶의 방향을 바꾸는 진짜 힘이 된다. 50대 이후에는 어떤 사람들과 관계를 맺고, 어떤 공간에서 시간을 보내며, 무엇을 누리느냐가 인생 후반을 결정짓는다. 그 삶의 태도와 방식은 자연스럽게 60대 이후로 이어진다.

나이 듦은 무언가를 잃는 과정이 아니다. 오히려 삶을 다시 구성할 기회다. 세상의 기대와 타인의 시선을 조금씩 내려놓고, 이제는 '내 삶'을 내 손으로 채워갈 수 있는 시기. 운동을 시작하거나, 새로운 관계를 만들거나, 오래된 취미를 다시 꺼내거나, 하루 한 줄 글을 쓰는 것만으로도 충분하다. 그 작은 실천들이 인생을 다시 밝히는 등불이 된다.

신중년은 더는 수동적인 존재가 아니다. 지금의 50대, 60대는 은퇴 후를 기다리는 세대가 아니라, '나를 위해 사는 법'을 다시 배우는 세대다. '남이 시키는 삶'이 아니라 '내가 원하는 삶'을 그려갈 수 있는 세대다. 오늘 하루를 어떻게 보내느냐에 따라 앞으로의 10년, 20년이 완전히 달라질 수 있다. 100세 시대를 넘어, 120세 시대라는 말도 나오지 않는가. 몸이 늙어가는 건 자연의 섭리지만, 마음과 정신은 노력으로 얼마든지 늦출 수 있다. 한 번 사는 인생이라면, 오늘이 내 인생 중 가장 젊은 날이다. 지금부터라도 '내 삶'을 향해 한 걸음 내딛자.

조급할 필요 없다. 작은 한 걸음이면 충분하다. 오늘 읽은 책 한 권, 나눈 대화 한 마디, 써본 한 줄의 글. 그 모든 것이 인생 후반을 아름답게 채워줄 자양분이 된다. 삶을 가꾸고 채워가기 시작하면 어느 순간 자연스럽게 '나눔'을 생각하게 된다. "내가 살아온 이야기가 누군가에게 도움이 될 수 있을까?" 이 질문은 자존감을 다시 세워준다. 사람은 타인에게 기여할 때 가장 큰 만족감을 느낀다. 누군가를 위한 것이 아니라, '나를 위한 나눔'이라고 생각해도 좋다. 신중년의 지혜는 단순한 지식이 아니다. 삶을 통과하며 얻은 생생한 통찰이다. 그래서 더 진하고, 더 필요한 이야기다.

이런 이야기는 세대의 벽도 뛰어넘는다. 때로는 동년배에게, 때로는 자녀 세대에게도 깊은 울림이 된다. 블로그에 삶의 이야기를 기록하는 사람, 글쓰기 모임에서 조심스레 경험을 나누는 사람, 소박한 강의를 열어 인생의 기술을 전하는 사람. 모두가 새로운 연결을 만들어 가는 사람이다. 처음부터 대단한 강의가 필요한 건 아니다. 내 언어로, 내 마음으로 전하면 된다. 그게 곧 나눔이다. 예를 들어보자. 30년 직장 생활의 노하우는 취업 준비생이나 초년생에게 소중한 팁이 된다. 자녀를 키운 경험은 부모교육 모임에서 큰 힘이 된다. 꾸준히 책을 읽고 글을 써왔다면, 신중년 글쓰기 소모임을 시작해볼 수 있다. 반려동물과 오랜 시간 함께해왔다면, 입양을 고민하는 이에게 따뜻한 조언이 된다. 주말마다 산에 오르는 취미가 있다면, 등산 정보와 꿀팁을 콘텐츠로 만들 수도 있다. 내가 살아온 평범한 경험도, 누군가에게는 절실한 정보가 된다. 나의 이야기를 귀 기울여 들어주는 사람이 있다는 것. 그것만으로도 삶은 다시 빛난다.

나누는 방법은 생각보다 단순하다.

- 오늘 감사했던 일을 5가지 적기
- 이달의 베스트셀러와 스테디셀러를 확인해 보고 읽고 싶은 도서 목록 5권 정하기
- 사진 한 장에 짧은 글을 붙여 가족이나 친구에게 공유하기
- 손편지나 문자로 고마운 마음 한 줄 전하기
- 동네 도서관이나 카페에서 지인과 책 속 한 구절 나눠 읽기

두렵고 어색하다는 것은 내가 진심이라는 증거다. 하지만 한 번만 용기를 내면 그 뒤로는 자연스럽게 흐르게 된다. 작은 나눔은 큰 연결이 되고, 그 연결은 다시 삶을 움직이는 힘이 된다. "내가 살아온 이야기를 나누는 것, 그 자체로 누군가에게 위로와 용기가 된다." 이 글이 지금 당신의 행동력을 끌어올리는 계기가 되기를 바란다.

> **↘ 신중년, 인생 후반을 채우는 태도**
> 50대 이후의 차이는 재산이 아니라 삶을 대하는 태도에서 갈린다.
> 돈은 여유를 주지만 만족은 마음에서 시작되고, 진짜 격차는 정서를 채우는 데서 생긴다. 신중년은 수동적 세대가 아니라 작은 실천과 나눔으로 인생을 다시 써 내려가는 세대다.

후반전에만 보이는 깨달음

앞선 세대의 목소리에는 세월의 무게가 담겨 있다. 그들의 말은 지금을 단단히 살아내라고 일깨운다. 그런 이유로 우리는 자주 마음이 멈칫한다. 한 번도 가보지 못한 시절을 이미 지나온 이들의 말에는 깊이가 있고 세월의 흔적이 묻어 있다. 그 말들은 마치 간접 경험처럼 다가와, 다음 세대가 오늘을 더 단단히 살아야 할 이유를 되새기게 만든다.

각자의 경험과 시간 속에서 묻어난 말들은 지금 이 순간에도 여전히 유효한 삶의 진실로 다가온다. 예컨대 퇴직 후 재취업이 어렵다는 사실, '나 정도면 되겠지!' 했던 오판, 세월의 흐름 속에서 온전히 마주한 자신과 대면. 이 모든 이야기는 직접 겪지 않아도 책을 통해 미리 체험할 수 있다.

소설이 상상의 영역이라면 앞선 세대의 경험은 상상을 현실로 직면하게 하는 거울 같은 것이다. 그 거울 속에 비친 삶의 진실은 앞으로 그 시절을 살아가야 할 우리에게 가장 선명한 이정표가 된다.

60대의 시선으로 돌아본 삶에는 공통된 통찰이 있었다. 온라인 글과 책 속의 문장들뿐 아니라 강의 현장에서 직접 만난 신중년들의 대화 속에서도 그 통찰은 반복되었다. 나는 그들의 말과 표정, 조용한 웃음과 깊은 한숨을 통해 그 삶을 조금씩 이해할 수 있었다.

아래에 담긴 일곱 가지 삶의 통찰은 그때는 미처 몰랐지만, 지금은 분명히 알게 된 것들이다. 아직 오지 않은 시간을 살아갈 이들에게 먼저 건네는 조용하지만 깊은 삶의 조언들이다.

1. 건강은 젊을 때부터 챙겨야 한다.

같은 나이인데도 삶의 결이 다르다. 벌써 허리가 굽은 친구도 있고, 여전히 마라톤을 꾸준히 뛰는 친구도 있다. 하루아침의 차이가 아니라, 오랜 시간 쌓인 습관의 결과다. 자기 몸을 다지는 일은 미루지 말고 지금부터 해야 한다. 체력은 인생의 실행력을 좌우하는 가장 큰 기반이다. 건강이 흔들리면 삶 전체의 리듬이 무너진다. 병원에서 보내는 시간보다 들에서 땀 흘리는 시간이 많아야 한다.

2. 사람보다 일을 우선했던 것을 많이 후회한다.

직장은 인연을 남기지 않는다. 시간이 흐르면 손에 남은 것은 공허한 명함첩뿐이라고 했다. 특히 가족에게 미안한 마음을 자주 갖는다고 했다. 주말부부, 늦은 귀가, 바쁜 일정. 모두 일 때문이었지만 끝내 남은 것은 아쉬움과 후회였다. 그렇기 때문에 짧은 시간이라도 진심으로 함께해야 한다. 결국 곁에 남는 사람은 나의 기쁨과 슬픔을 함께 나눈 사람들뿐이 다. 종이 명함이 아니라 눈빛으로 나누는 관계가 남고 직함 이 아니라 내 이름만 남는다.

3. 감정을 억누르지 마라.

기분 관리가 삶의 전부라고 했다. 참고 또 참는 감정은 전 혀 다른 방식으로 터진다. 결국 나도 다치고, 주변도 상처받 는다. 내 감정을 돌보고 다독이는 연습. 내 마음이 평온해야 누군가를 돌볼 수 있다. 감정을 말로 풀 수 있는 사람, 감정을 다룰 줄 아는 사람이 결국 관계를 오래 지켜낸다. 감정을 알 아차릴 수 있어야 하고 이해할 수 있어야 한다. 그러기 위해 먼저 나부터 돌봐야 한다. 그것은 이기심이 아니라 넓은 의 미의 이타심이다. 감정은 인정하고 이해하는 과정을 통해 흘 려보내는 것이다.

4. 세월이 흐르고 나면 곁에 남는 사람은 소수이다.

많은 사람과 어울렸더라도 진짜 인연은 손가락에 꼽힌다. 그래서 그 몇 명을 더 아끼고 소중히 해야 하며 익숙하다는 이유로 소중한 사람을 놓치지 말아야 한다. '나중에 연락해 야지' 하다 보면 더는 연락할 수 없는 사이가 되기도 한다. 결 국 배우자 한 사람, 가까운 친구 한 사람. 그들이 전부가 된다. 마음을 터놓을 수 있는 그 한두 명을 놓치면 안 된다. 인생이 어지러울수록 결국 단순한 관계가 힘이 된다.

5. 여행을 다음으로 미루지 말자.

퇴직하고, 좀 나아지면, 형편이 되면… 그렇게 미뤄온 여행은 끝내 이루지 못한다. 조금 부족해도, 조금 무리해도 지금 떠나야 한다. 여행은 단지 쉬는 일이 아니라, 더 나은 삶을 꿈꾸게 해 주는 일이기 때문이다. 캐리어를 끌고 해외로 떠나는 것만이 여행이 아니라, 나를 지배했던 공간을 벗어나 더 넓은 곳으로 나아가는 일. 그 감각을 되찾는 여정이다. 인생의 방향이 흐려질 때 한 번의 여행이 마음의 나침반이 되기도 한다.

6. 말보다 태도가 기억에 남는다.

말을 잘하는 사람이 아니라 행동과 태도가 바른 사람이 기억에 오래 남는다. 내가 그런 사람이 되면 그런 사람이 내 곁에도 머문다고 했다. 말로 위로하는 것보다 조용히 곁을 지켜 주는 사람이 되고 싶다는 생각이 들었다. 30대까지는 열정으로 버티지만, 40대를 지나면 열정은 사그라들고, 50대부터는 결국 태도만 남는다. 나를 지켜보는 시선은 언제 어디서나 존재한다. 태도는 결국 '삶의 자세'이며 그 자세가 내 인생을 말해 주는 시대가 온다.

7. 지금부터라도 나를 위해 살아야 한다.

삶의 마지막 즈음에 있는 사람들은 "더 많이 가졌어야 했는데."라고 후회하지 않는다. "왜 그때 해보지 못했을까?", "왜 그 순간에 나는 나를 미뤘을까?"라는 후회였다. 더는 미루지 않겠다고 했다. 지금은 내가 좋아하는 일을 하고, 하고 싶었던 것을 찾고, 내 삶을 스스로 채워가고 있다고 했다. 조금 늦었지만 그래도 괜찮다고. 나를 위해 무언가를 해 주는 일이 삶의 품격을 만든다 했다. 누군가의 허락 없이도, 나 자신에게 권리를 줄 수 있는 삶. 그것이 진짜 어른의 삶이다.

지금의 우리에게 묻는다. "너는 지금, 어떻게 살고 있니?" 우리는 나이가 들어서야 인생을 정리하지만, 더 나은 삶을 위해 미리 정리하며 사는 태도가 필요하다. 인생의 후반전을 잘 살아가고 싶다면, 지금, 이 순간부터 나를 살피고, 주변을 아끼고, 시간을 소중히 여겨야 한다. 삶은 결국 하루하루의 작은 선택으로 만들어진다. 누군가의 조언은 방향을 바꿔 주고 실수를 줄여 준다. 그리고 지금 우리는 그 말에 귀 기울일 수 있는 가장 좋은 시기에 있다.

앞선 세대의 목소리를 따라가다 보면, 결국 '나'를 만나게 된다. 지금 내가 선택하는 감정의 방향, 관계의 태도, 삶의 속도 하나하나가 미래의 나를 만든다. 아직 오지 않은 60대의

시간을 지금 이 자리에서 그려 보는 일, 그것이 삶의 방향을
단단히 세워 주는 길이다. 그들의 말은 나침반처럼 조용히,
그러나 흔들림 없이 지금의 작은 선택 하나가 내일의 길을 바
꾼다는 사실을 가리킨다.

결국, 모든 조언은 하나로 모인다.
'오늘을 살아라.'
지금의 하루가 쌓여 내 삶이 된다. 그 하루가 나를 위한 시
간이라면 결코 가벼울 수 없다.

> **↳ 인생 나침반은 앞선 세대에 있다**
> 앞선 세대의 경험은 아직 오지 않은 시간을 살아갈 이들에게 가장 선명한
> 나침반이 된다. 건강, 관계, 감정, 태도, 여행, 그리고 나 자신을 대하는 법
> 에서 배운 통찰은 결국 한 가지로 모인다. 지금이 내 인생의 가장 젊은 날
> 이다. 행복을 미루지 말자.

✳

다시 시작하는 용기,
지금이 기회다

"은퇴는 끝이 아니라 질문이다."
얼마 전, 정년퇴직하신 분들과 이야기를 나눌 기회가 있었

다. 대화는 자연스럽게 한 방향으로 흘러갔다. "재취업이 정말 어렵습니다." 지원서를 내도 연락이 없고, 면접 기회조차 얻기 힘들다는 말씀이었다. 어렵게 면접장에 들어서도 이미 그 자리를 차지하고 있는 기득권의 벽은 생각보다 높고 단단했다고 했다. 겉으로는 다양성을 추구하는 채용처럼 보이지만 실제로는 이미 정해진 판이 있다는 인상이 강했고, 그래서 허탈하다는 목소리가 이어졌다.

그 이야기를 들으며 다가올 세대들이 이런 현실을 미리 알았으면 좋겠다 생각했다. '은퇴하면 잠시 쉬었다가 일해야지.'라는 막연한 기대가 얼마나 위험한지 지금 미리 알아야 한다는 생각이 들었다. 지금이 그럭저럭 버틸 만하다며 하루하루를 흘려보내고 있다면, 언젠가 마주할 고난의 크기는 지금으로서는 가늠조차 하기 어렵다는 사실을 말이다.

퇴직 후의 세상은 예상보다 훨씬 더 냉정했다. 나는 아직 그 세상에 발을 들이지 않았지만 그분들의 목소리를 통해 충분히 체감할 수 있었다. 그리고 그 순간, 문득 지금의 내 모습을 돌아보게 되었다. 마흔의 세대 역시 결코 안전하지 않다. 지금 이 자리에서 곧바로 책상 끝으로 밀려도 전혀 이상하지 않은 시대다.

그래서 결국 더 절박한 사람이 빈틈을 열고 들어간다. 대부분은 문 앞에서 포기하지만 한 걸음 더 나아가는 사람이 있다. 조금만 더 절박하게, 조금만 더 진지하게 노력을 해 볼 필요가 있다. 혹시 나는 문을 두드릴 기회를 문 앞에서 스스로 포기해버린 건 아닐까. 돌이켜 보면 어떤 위기 속에서도 기회를 만든 사람들은 있었다.

IMF 때도, 코로나 팬데믹 때도, 누군가는 끝까지 버텨냈고, 또 누군가는 오히려 기회를 만들어 냈다. 그들에게는 공통점이 있었다. 긍정적인 태도, 진취적인 시도, 그리고 무엇보다 꾸준한 습관이 있었다. 결국, 위기 속에서도 기회를 만든 힘은 '태도'에서 나왔다. 그래서 신중년이 인생을 다시 설계하기 위해 가장 먼저 갖춰야 할 태도는 '수용'과 '인정'이다. 과거의 방식이 더는 통하지 않는 시대에서 살아남기 위해서는, 자신을 객관적으로 바라보는 노력이 필요하다.

지금까지 지켜 온 좋은 습관과 태도는 이어가되 부족했던 의지와 실행력은 다른 사람의 피드백을 수용하면서 채워나가야 한다. 그 수용성과 인정이 바로 변화의 출발점이 된다. 또 하나 간과하기 쉬운 지점이 있다. '과연 우리는 충분히 다 시도해 본 것일까?'하는 점이다.

그 자리를 이미 차지하고 있는 사람들의 이야기를 직접 들어본 적은 있는가? 면접을 본 담당자에게 나라는 사람을 한 번 더 보여줄 기회를 만들어 본 적은 있었는가? 어쩌면 우리는 전체를 파악하지도 못한 채 막막함에 기대어 체념부터 하고 있었는지도 모른다. 하지만 진짜 절실하면 행동은 달라진다. 움직이지 않으면 아무 일도 일어나지 않는다. 그리고 절박함은 언제나 첫 행동을 일으키는 불씨가 된다.

"재취업이 정말 쉽지 않다."라는 이야기를 들을 때마다 그 막막함이 절박함으로 바뀌는 계기가 되어야 한다. 현실을 돌아보면, 이런 경우가 많다. "은퇴하고 좀 쉬었다가 다시 일하고 싶어졌는데, 현실이 너무 냉정했어요. 자격증 몇 개를 땄지만, 그것만으로는 부족하더군요." 그 말 속에는 노력한 흔적과 함께 깊은 체념이 묻어 있었다.

나는 그런 말 앞에서 쉽게 내 의견을 내지 않는다. 그 자리에서는 자칫 상처가 될 수 있기 때문이다. 시간이 조금 지나고 나서, 조심스럽게 이렇게 말씀드리곤 했다. "요즘은 40대도 재취업이 쉽지 않아요." 처음엔 놀라지만 곧 고개를 끄덕이신다. 시대는 변했고, 기준은 더 높아졌으며 경쟁은 이전보다 훨씬 치열해졌기 때문이다.

예전처럼 경력만으로 통하는 시대는 지났다. 지금은 '자기 경쟁력'이 없으면, 기회의 문턱조차 넘기 어렵다. 그렇다면 우리는 무엇을 준비해야 할까? 가장 먼저 필요한 건 '특화된 영역'이다. 누구나 알고 있는 것은 경쟁력이 될 수 없다. 오히려 모두가 어렵다고 느끼는 일 하나를 내가 잘할 수 있어야 한다. 작고 구체적인 분야라도 좋다. 내 이름을 걸 수 있는 무언가를 찾아야 한다. 그것이 글쓰기든 유튜브든 상담이든 기술이든 무엇이든 상관없다.

중요한 것은 단순히 배우는 차원을 넘어서야 한다. 내가 배운 것을 나만의 방식으로 재해석하고 전할 수 있어야 한다. 글쓰기를 배웠다면 나의 이야기를 에세이로 풀어내는 작가가 될 수도 있고, 누군가의 삶을 인터뷰하며 기록하는 사람도 될 수 있다. 내가 가진 경험과 연륜은 남들에게는 없는 나만의 자산이기 때문이다.

그 위에 반드시 필요한 것은 도전정신이다. 한 번도 해 보지 않은 것을 도전하는 용기, 가보지 않았다는 이유로 물러서지 않는 자세, 포기하지 않고 끝까지 시도하는 태도가 필요하다. 특히 중년 이후의 도전은 더 어렵다. 실패했을 때 감당해야 할 무게가 더 무겁고, 누군가에게 도움을 청하기도 쉽지 않기 때문이다. 그러나 겁이 나더라도 한 발 내딛는 용기, 그것이야말로 진짜 어른의 용기다.

진짜 용기는 두려움이 없는 것이 아니라 두려움을 감싸 안고도 앞으로 나아가는 것이다. 그리고 그 도전을 지탱하는 또 하나의 힘은 수용성이다. "그건 잘 몰라서요."라는 말 대신 "그거 어떻게 하는 건가요?"라고 물을 수 있는 태도. 배움을 향한 열린 자세 없이는 새로운 기회를 붙잡을 수 없다. 닫힌 마음으로는 배울 수 없고 배우지 않으면 성장도 없다.

지금 내가 알고 있는 것이 전부가 아니고, 지금 내가 할 수 있는 것이 나의 한계는 아니다. 신중년에게 필요한 것은 '나는 여전히 배울 수 있다.'라는 자기 확신이다. 스마트폰 하나 다루기도 힘들다던 사람이 블로그를 시작하고 전자책을 출간해 강의를 열기까지 걸린 시간은 불과 몇 개월. 그 차이를 만든 것은 능력이 아니라 바로 수용성과 간절함이었다.

그리고 마지막으로 가장 중요한 한 가지. 진짜 간절한 사람만이 끝까지 간다. 단순히 '생존'이 아니라 '새로운 삶'을 살겠다는 마음이 있어야 한다. 그 간절함은 습관이 되고, 습관은 결국 결과를 만든다. 하루 한 시간이라도 나를 위해 시간을 쓰는 사람은 결국 변화의 길목에 서게 된다. 간절함이 있어야 지치지 않고, 넘어져도 다시 일어설 수 있다. 느리더라도 멈추지 않고 걷는 사람은 결국 도착한다. 그 믿음을 지키기 위해 우리는 매일 자신을 북돋아야 한다.

실패해도 다시 시도하고 속도가 느려도 멈추지 않아야 한다. 그리고 이 모든 노력 위에 놓인 마지막 과제, 바로 '지금'이라는 시간에 대한 진심이다. 아무것도 하지 않으면 아무 일도 일어나지 않는다. 시간을 바라만 보지 말고, 다가올 시간을 어떻게 채울지를 고민해야 한다. 그것이 지금 우리 앞에 놓인 숙제이자 기회다.

준비를 미루면 늦어버리지만 지금 시작한다면 이 순간이 가장 빠른 출발점이 된다. 가장 늦었다고 생각한 그때가 오히려 가장 빠를 수 있다. 지금 다시 움직이기 시작한 당신의 걸음이 곧 새로운 무대의 막을 여는 첫걸음이다.

↳ 은퇴는 끝이 아니라 질문이다

퇴직 후의 세상은 예상보다 훨씬 냉정하다. 문 앞에서 체념하는 사람도 있지만, 끝까지 두드리는 사람은 결국 길을 연다. 신중년이 붙잡아야 할 힘은 수용과 인정, 그리고 절박함을 이어 가는 간절함이다. 지금 준비하는 순간이 곧 새로운 무대의 막을 올리는 출발점이다.

＊

남은 30년을 디자인하는
자기만의 방법

"앞으로 30년을 어떻게 살 것인가?" 이 질문은 단순히 남은 시간을 묻는 것이 아니다. 삶의 방향과 태도, 정체성과 가치를 다시 묻는 말이다. 이제는 "누구를 위해 살 것인가?"라는 시대를 지나, "어떻게 나답게 살 것인가?"를 고민해야 할 시점이다.

신중년의 시간은 단순한 노후 준비의 개념이 아니다. 이 시기는 지금까지 살아온 삶을 돌아보고, 내가 진심으로 원하는 것이 무엇인지 다시 탐색하며, 그 바탕 위에 새로운 가능성의 인생을 설계할 수 있는 시기다. 하지만 '나답게' 산다는 말은 쉽지만, 막상 그것을 실천하려 하면 막막함부터 밀려온다. 그래서 나는 삶의 방향을 스스로 결정하고 싶은 당신에게 다섯 가지 질문을 건네고 싶다. 이 질문들은 지금까지의 당신을 돌아보고 앞으로의 당신을 그려보게 도와줄 것이다.

1. 시간을 잊을 만큼 몰입했던 일이 있는가?

시간 가는 줄 모르고 빠져들었던 순간이 있었는가? 그 일이 무엇이었는지를 떠올려 보는 것이 당신만의 길을 찾는 첫 번째 단서가 된다. 무언가에 몰입하고, 즐거움을 느끼고, 그 안에서 에너지가 솟구치는 순간. 그것은 단순한 취미나 기분 좋은 일이 아니라 당신의 정체성이 깃든 활동일지도 모른다. 가장 행복한 사람은 좋아하는 일을 하면서 그 일로 생산성을 유지하는 사람이다. 그 자리에 닿기까지는 치열한 시간이 필요할 수도 있다. 하지만 그 시간은 낭비가 아니라 삶을 더욱 진하게 만드는 자양분이다. 삶을 설계하는 첫 번째 실마리는 바로 '몰입'에 있다. 시작의 질문을 다시 건네본다. "당신은 무엇을 할 때 가장 살아 있다고 느끼는가?" 삶의 몰입을 찾았다면 이제 그 힘을 다른 사람과 나누어야 한다.

2. 무엇을 할 때 누군가에게 도움이 된다고 느끼는가?

사람은 누구나 인정받고 싶어 한다. 그 본능적인 욕구를 가장 건강하게 채우는 방식은 다른 사람에게 도움을 주는 순간이다. 내가 건넨 말 한마디에 누군가 웃고, 내 행동 하나에 타인이 위로받는 순간 우리는 '내가 존재한다.'라는 감각을 온몸으로 느낀다. 존재감은 관계를 통해 회복된다. 그리고 그 관계는 '기여'의 경험을 통해 더욱 단단해진다. 삶을 의미 있게 만드는 것은 내가 쓴 돈이나 가진 지위가 아니라 내가 누군가의 삶에 미친 긍정적인 영향이다. 지금까지 당신을 가장 뿌듯하게 만든 순간을 떠올려 보자. 그 순간이 당신이 가야 할 길을 말해 줄지도 모른다.

3. 지금까지 해 온 것 중에서 꼭 붙잡고 싶은 것은 무엇인가?

삶을 다시 설계한다고 해서 지금까지의 모든 것을 내려놓을 필요는 없다. 오히려 중요한 것은 삶의 연속성이다. 새로운 길은 기존의 길 위에 '덧칠'하듯 그려지는 것이기 때문이다. 과거에 쌓아온 경험과 노하우, 누구보다 잘 알고 있는 분야, 익숙하지만 남다른 감각이 있는 일. 이 모든 것들이 나만의 기반이자 무기다. 어쩌면 당신은 이미 그 일을 오래전부터 해 오고 있었는지도 모른다. 그저 이름 붙이지 않았을 뿐 당신만의 내공은 오랜 시간 속에 이미 축적되어 있다. 이제 그 가치를 '새롭게 설계된 삶'과 연결할 차례다.

4. 나는 어떤 사람으로 기억되고 싶은가?

이 질문은 지금의 나를 새롭게 바라보게 만든다. 가족과 친구 그리고 이웃에게 어떤 모습으로 남고 싶은가? 착한 사람, 성실한 사람, 웃음을 주는 사람, 지혜로운 사람, 용기를 주는 사람. 그 어떤 모습이든 그 바람은 지금의 선택을 바꾸게 만든다. "기억되고 싶은 모습대로 살기." 이 말은 단순한 이상이 아니라, 지금을 살아가는 방식에 대한 제안이다. 삶은 결국 타인의 기억 속에 남는다. 그리고 그 기억은, 지금 내가 살아가는 하루하루로 쌓여 간다. 당신은 어떤 하루를 살고 있는가? 그리고 앞으로 어떤 하루를 살고 싶은가?

5. 오늘의 하루는 나를 중심에 두고 있는가?

하루 24시간을 복기해 보자. 그 하루에 진짜 '나'는 몇 번 등장했는가? 해야 할 일에 쫓기고, 타인의 기대를 맞추느라 책임과 의무에 얽매여 정작 나 자신은 뒤로 밀려나 있지 않은가? 삶의 중심에 '나'를 둔다는 것은 이기적인 삶을 말하는 것이 아니다. 오히려 나를 살피고 돌볼 줄 아는 사람이 다른 사람도 제대로 이해하고 사랑할 수 있다. 삶의 주도권을 되찾는 일은 특별한 날이 아니라 지금 이 순간, 오늘의 루틴에서 시작된다. 하루에 '내'가 머무는 시간은 얼마나 되는가? 그 질문은 당신 삶의 방향을 바꾸는 실마리가 될 것이다.

신중년의 삶은, 다시 쓸 수 있는 이야기다. 이제 신중년의 삶은 '더 가지는 삶'이 아니라 더 단단해지는 삶을 추구한다. 화려한 경력보다 지속 가능한 루틴이 중요하고 관계의 수보다 마음이 편한 사람과의 깊은 연결이 중요하다. 정원을 가꾸는 사람, 작은 공방을 열어 세상과 소통하는 사람, 조용히 글을 쓰며 자신을 위로하는 사람. 그들의 공통점은 하나다. 자신을 중심에 두고 삶을 새롭게 디자인하고 있다는 것. 나이 든다는 것은 불필요한 욕망과 비교를 덜어 내고 비로소 나답게 살 힘을 기르는 시간이다. 이제는 삶을 소비하는 사람이 아니라 삶을 창조하는 사람으로 살아갈 때다.

"나는 어떤 하루를 살고 싶은가?"

이 질문에 대한 대답을 하나씩 써 내려가는 것. 그것이 바로 신중년의 삶을 재설계하는 일이다. 그 하루들이 모여 당신의 후반전을 가장 단단하고 찬란하게 만들어 줄 것이다. 지금부터가 진짜다.

신중년의 삶은 더 가지는 시간이 아니라, 나답게 살아가는 시간이다. 몰입과 기여, 쌓아온 내공, 기억되고 싶은 모습 그리고 '나'를 중심에 두는 하루가 방향을 정한다. 삶은 소비가 아니라 창조의 과정이며, 지금부터의 30년은 다시 쓸 수 있는 이야기다. 오늘의 하루를 어떻게 살 것인가, 그 답이 당신의 후반전을 완성한다.

＊

끝을 바라볼 때
비로소 시작이 보인다

죽음에 관해 이야기하는 일은 여전히 우리 사회에서 낯설다. 때로는 금기처럼 여겨지기도 한다. 우리는 죽음을 입에 올리는 것조차 꺼린다. 마치 불행을 불러오는 말처럼 여기기 때문이다. 그래서 죽음에 관한 이야기는 자꾸만 뒤로 밀려난다. 하지만 삶을 깊이 들여다볼수록, 죽음은 피해야 할 무서운 일이 아니다. 오히려 삶을 더 온전히 이해하기 위해 반드시 마주해야 할 주제다.

'메멘토 모리Memento Mori', 죽음을 기억하라는 이 말을 많은 자기계발서 속에서 어렵지 않게 볼 수 있는 이유도 그 때문이다. 죽음을 기억하는 일은 곧 삶을 소중히 여기는 태도로 이어진다. '나는 언제든 죽을 수 있다.'라는 문장을 가만히 되뇌어보면 그것은 단지 허무함을 말하는 문장이 아니다. 오히려 '지금, 이 순간을 귀하게 살아야 한다.'라는 다짐과 연결된다. 순간을 귀하게 산다는 것은 단순히 바쁘게 움직이는 것을 뜻하지 않는다. 매일 아침 눈을 뜰 수 있음에 감사하고 좋아하는 사람과 대화할 수 있음에 기뻐하며 지금 여기에 있는 나를 존중하는 일이다. 그러기 위해서는 무엇보다 나 자신에게 말을 걸어야 한다. 하루에 얼마나 자주 스스로 질문을 던지는가. '나는 지금 잘살고 있는가?' '이 선택은 나에게 진실한가?' 삶의 방향을 바로잡는 나침반은 멀리 있지 않다. 나를 향한 질문에서 비롯된다. 자기 자신과의 대화는 삶의 농도를 깊게 만들고, 일상을 더욱 선명하게 해 준다.

죽음을 의식한다는 것은 결국 나를 아끼고 사랑하는 일이기도 하다. 사랑은 삶의 반대편에 있는 게 아니라 삶을 관통한 끝에 있는 감정이다. 죽음을 바라볼수록 살아 있는 지금,

이 순간이 얼마나 귀한지 절실히 느끼게 된다. 그래서 죽음을 마주하는 일은 곧 사랑을 배우는 일이다. 나를 사랑하고, 타인을 사랑하며, 하루하루를 정성껏 살아내는 일이 된다. 이런 사랑의 자각도 결국 신중년이 마주하는 구체적 경험 속에서 더 선명해진다.

신중년에게 죽음은 이제는 멀리 있는 일이 아니다. 부모님의 장례를 치른 경험이 있거나, 가까운 이의 부고 소식을 자주 접하게 된다. 장례식장에서 나누는 짧은 눈빛만으로도 서로 위로를 건넬 수 있는 시기가 된 것이다. 죽음이 더는 낯선 단어가 아니다. 20대, 30대 시절에는 죽음을 언급하는 일이 비현실적이고 멀게만 느껴졌다. 하지만 시간이 흐르고 신중년이 되어 접하는 죽음은 조금 더 현실적인 얼굴을 하고 다가온다. 어느새 장례식장의 방문 횟수가 늘고 문득 나의 부모님 혹은 자기 죽음을 상상하게 된다. 누군가는 병을 통해, 누군가는 사고를 통해 죽음의 실체와 만난다. 하지만 대부분 사람은 여전히 '죽음은 나중에 일어날 일'이라며 미루고 산다.

그러나 신중년은 이 주제를 더 깊이 받아들일 수 있는 시기다. 물리적인 시간의 흐름 속에서 죽음이 더는 이례적인 사건이 아니다. 삶의 일부이며 자연스러운 순환이다. 그렇다고 해서 너무 무겁게만 받아들일 필요는 없다. 지나치게 비장할 필요도 없다. 죽음은 지나가는 바람처럼, 언젠가 맞이할 계절처럼 담담하게 받아들일 수 있는 주제여야 한다.

그렇다면 우리가 지금 할 수 있는 일은 무엇일까. 바로 죽음을 의식하면서도 삶을 더욱 뜨겁게 살아내는 것이다. 죽음을 두려움의 대상으로만 바라보지 않고 삶을 정리하고 설계하는 지점으로 받아들이는 것. 이것은 결코 침울한 일이 아니다. 오히려 삶의 마지막까지 스스로를 책임지는 성숙한 태도이자, 더 깊이 있는 삶으로 나아가는 길이다.

'죽음을 준비한다.'라는 것은 유언장을 쓰는 일에만 국한되지 않는다. 그것은 곧 자신이 살아온 시간을 돌아보고, 남은 시간을 어떤 감정과 의미로 채울지 고민하는 과정이다. 관계를 정리하고, 전하고 싶은 말을 기록하며, 남겨질 이들에게 나의 흔적을 남기는 일. 그런 준비가 오히려 지금의 삶을 더 단단하게 만든다.

글쓰기 강의를 하다 보면, 유언장이나 회고록처럼 삶을 정리하는 글이 자주 언급된다. 하지만 많은 신중년이 그런 글을 한 번에 쓰지 못한다. 쓰고 싶지만 쉽게 손이 가지 않는 글이기 때문이다. 오랜 숙고와 감정의 정리가 먼저 필요하다. 그리고 그럴 때 가장 큰 힘이 되어주는 것도 '쓰는 일' 자체다. 자신의 삶을 돌아보며 한 문장씩 적어 내려가는 과정은 자기 이해의 여정이며, 동시에 남겨질 이들에게 전하는 따뜻한 유산이 되기도 한다.

죽음을 어떻게 바라보느냐는 결국 삶을 어떻게 대하느냐와 맞닿아 있다. 죽음을 부정하지 않을수록 오늘의 삶은 더욱 선명해진다. 그래서 우리는 매일 물어야 한다. 오늘 하루를 어떻게 살 것인가. 이 물음은 언젠가 올 끝을 준비하는 동시에 지금 이 순간을 더 깊이 살아가게 만든다. 죽음을 준비한다는 것은 사실 죽음을 향해 사는 것이 아니라 남은 인생을 설계하는 방식이다. 어떤 삶을 원하는지, 어떤 관계를 맺고 싶은지, 어떤 기억으로 남고 싶은지를 묻는 일이다. 그 질문은 우리를 삶의 중심으로 다시 데려다 놓는다. 삶의 끝을 마주하면서 다시 시작을 꿈꾸는 일. 신중년에게 주어진 이 고요하지만 깊은 시간은 단순히 나이 드는 시간이 아니라 다시 '나'를 살아가는 두 번째 인생의 시작점이 될 수 있다.

삶의 끝을 두려워하지 않을수록 삶의 지금은 더욱 풍요로워진다. 남은 시간을 걱정하는 대신 남은 시간을 설계할 수 있다는 가능성에 주목해야 한다. 내 삶의 남은 페이지에 어떤 이야기를 써 내려갈 것인가. 어떤 사람과 연결되고, 어떤 장면을 기억으로 남길 것인가. 우리는 다시 한 번 묻는다.

"남은 시간을 어떻게 살 것인가?" 이 질문이야말로 신중년의 삶을 진짜 '나답게' 만드는 첫걸음이다.

↘ 죽음을 마주할수록 삶은 선명해진다

죽음을 외면하지 않을수록 오늘의 삶은 더욱 선명해진다. 죽음을 기억한다는 것은 곧 지금을 사랑하고, 나답게 살아가겠다는 다짐이다. 신중년에게 죽음은 끝이 아니라, 남은 인생을 다시 쓰게 하는 시작점이다.

6장

가장 찬란한 순간을 당당히 맞이하라

6장은 신중년이 더는 끝자락의 세대가 아니라 지금 이 시대의 중심임을 선언한다. 삶의 무게가 깊은 통찰이 되고 경험이 지혜가 되는 지금이야말로 가장 찬란한 시기다. 마지막이 아닌 새로운 시작으로서의 신중년. 그 여정을 다시 걷기 위한 출발점이다.

무지개 빛깔의 세대,
신중년은 찬란하다

『60년생이 온다』에서 이명숙 작가는 60년생 세대를 "뚝배기 같고, 사골 같은 세대"라 표현했다. 겉은 소박하지만 속은 깊고 오래 끓일수록 진한 맛을 내는 사람들. 쉽게 깨지지 않고 시간이 지날수록 더 단단해지는 성질을 가진 세대라는 뜻일 것이다.

나는 여기에 하나의 비유를 덧붙이고 싶다. 이 세대는 무지개처럼 찬란한 색을 품고 있다. 이른바 '무지개 세대'다. 왜 하필 무지개라고 부를까? 이유는 단순하다. 이들을 결코 단일한 색깔로 규정할 수 없기 때문이다. 그들은 독재 정권에서 민주화 운동까지, 흑백 TV에서 AI까지, 경운기에서 무인 자동차까지. 세상의 격렬한 변화를 통째로 관통한 세대다. 말 그대로 세상의 'Before'와 'After'를 모두 경험한 사람들이다. 386 컴퓨터를 처음 부팅할 때의 설렘을 기억하면서도 지금은 AI와 대화를 나눈다. 부모 세대의 권위적인 문화 속에서 성장했지만 자녀에게는 '친구 같은 부모'가 되기를 원한다. 뚝배기처럼 깊은 내면, 무지개처럼 다채로운 색채. 그것이 바로 60년생 세대의 또렷한 얼굴이다.

다름을 거부하지 않고, 낯섦을 피하지 않았다. 늘 새로운 것을 받아들이며 '이질적인 것들을 소화할 줄 아는 유연함'을 가진 이 세대는 붉은색 하나, 푸른색 하나로는 도저히 담아낼 수 없는 일곱 빛깔 무지개보다 더 풍부한 스펙트럼을 지닌 존재다. 그리고 이제, 이들은 '중간 세대'라는 이름을 넘어 '새로운 중심'으로 이동하고 있다.

부모님을 돌보며 자녀를 챙기는 이중의 삶. 부모님의 이별을 준비하면서도 자녀의 독립을 응원해야 하는 경계선 위의 삶. 혹은 이미 두 역할 모두를 끝내고 나서야 비로소 자신을 다시 들여다보는 시간. 그 모든 고단함과 감정의 겹들이 지금의 신중년을 빚어냈다.

신중년의 하루는 감정의 교차로 위에 있다. 어떤 날은 세월이 쏜살처럼 휙 지나가고, 어떤 날은 고무줄처럼 한없이 느리게 늘어진다. 하지만 중요한 건 그 빠름과 느림을 이제는 '스스로 선택할 수 있는 시기'가 되었다는 것이다. 예전에는 삶의 속도가 외부에서 주어졌다면 이제는 나의 감각, 나의 리듬대로 속도를 조율할 수 있는 시기에 우리는 도달해 있다. 더는 누구의 기준도, 누구의 승인도 필요하지 않다.

자기 속도로 걷고 자기 감각으로 머물 수 있는 삶. 타인의

시선에서 벗어나 온전히 나답게 살아갈 수 있는 이 자유야말
로 신중년이라는 시기가 주는 가장 큰 선물이다.

"대충 살아도 괜찮다."라는 말은 결코 게으른 선언이 아니
다. 오히려 충분히 잘 살아왔기 때문에 가능한 선언이다. 조
금 천천히 걸어도 좋고 조금 다르게 걸어도 괜찮다. 이미 충
분히 달려왔고, 충분히 이끌어왔으며, 무언가를 남기기에 부
족함이 없는 사람들. 지금의 신중년은 단순한 퇴장자가 아니
다. 오히려 인생의 다음 장을 설계하고 새로운 시작을 디자
인하는 사람들이다. 이제는 과거를 정리하고 오늘을 기록하
여 미래를 상상할 수 있는 전환점에 도달했다. 그 여정은 흑
백이 아닌 무지개처럼 찬란하고 풍성한 색으로 물들어 있다.
삶은 언제나 색을 품고 있다. 그리고 지금 당신은 그 색을 스
스로 칠할 수 있는 붓을 손에 쥔 사람이다.

그들에게 묻고 싶어졌다. "지금, 당신의 삶은 무슨 색인가
요?" 그 어떤 색이든 좋다. 지금 이 순간 내가 고른 색은 누군
가에게 위로가 되고, 또 누군가에게는 길이 된다. 지나온 날
들의 감정과 경험이 모여 세상에 단 하나뿐인 '당신만의 무
지개'를 완성한다. 무지개는 언제 피어나는가. 바로 비가 온
뒤 하늘이 맑아질 때.
마찬가지로 긴 삶의 여정을 견뎌온 당신에게 지금이야말

로 가장 찬란한 무지개가 피어오를 시간이다. 그러니 이제 망설이지 말고 당신만의 색을 세상에 드러내자. 그 색은 더는 누군가를 흉내 낼 필요 없이 온전히 당신의 것일 때 가장 아름답다. 그리고 우리는 안다. 그 색은 이미 당신 안에 있었다는 걸.

여기 오기까지 60년이 걸렸다. 학생 때는 하기 싫은 공부 하느라, 직장 생활을 하는 동안에는 얽히고설킨 실타래 속에 있느라 그 모든 걸 벗어나 온전히 내 시간을 살 수 있는 날들이 왔는데 굳이 얽매여 살고 싶지는 않다. "지금까지 살아오는 동안 언제가 가장 행복하세요?"라고, 물으면, 단 1초도 망설임 없이, "지금, 이 순간이요"라고 답을 한다. 내 시간에 주인이 되어, 하고 싶은 것들을 하면서 살 수 있는 지금, 이 순간이 나에게는 최고로 빛나는 날들이다. 떠나고 싶으면 시간에 구애받지 않고 떠날 수 있고, 산속 의자에 드러누워 하늘을 바라볼 수 있으며, 글이 쓰고 싶으면 쓰고, 해금을 연주하고 싶으면 연주하고, 그림을 그리고 싶으면 그리면서 유유자적 살아가는 이 시간을 온전히 내 것으로 즐길 수 있는 인생의 시작 세 번째 스무 살, 매 순간 찬란하다.

60년생이 온다. 이명숙 지음

뚝배기처럼 단단하고, 무지개처럼 다채로운 세대.
흑백에서 컬러로, 아날로그에서 AI까지 변화를 통째로 관통했다.
삶의 속도를 스스로 조율하며 이제는 자기 색으로 살아간다.
신중년은 끝이 아니라 가장 찬란한 무지개가 피어나는 시작이다.

＊

시간을 다스리는 사람이
인생을 다스린다

우리는 늘 시간에 쫓기며 살아왔다. 아침에 눈을 뜨자마자 익숙한 루틴에 몸을 맡기고 출근 준비를 하며 하루를 시작했다. 자녀를 깨우고, 끼니를 챙기고, 정해진 시간표 위를 걸었다. 매일 반복되는 일상은 어느새 무의식이 되었고 시계는 단 한순간도 쉬지 않고 돌아갔다. 쏟아지는 일과, 쉴 틈 없이 쌓여가는 '해야 할 일들'의 목록에 묶인 채 우리는 정작 '하고 싶은 일들'을 뒤로 미루는 삶을 살았다.

누구나 시간을 보내지만, 누구나 시간을 잘 다루는 것은 아니다. 나는 다양한 자리에서 많은 신중년을 만나며 그들의 표정과 말투 속에 지난 시간을 읽을 수 있었다. 가족을 위해 희생했고, 일터에서 묵묵히 자리를 지켰으며, 타인을 위해 살아온 그 시간. 이제는 그들에게 묻고 싶었다. "그 시간 속에서 당신 자신은 어디에 있었나요?" 그들과의 대화와 그들의 글을 통해 10대의 시점부터 떠올려 볼 수 있었다.

10대의 시간은 철저히 주어진 과업을 수행하는 데 집중된 시간이었다.

공부와 성적, 진로라는 목표 아래 어린 우리는 선택의 여지 없이 경쟁의 무대에 올랐다. '더 잘해야 한다.'라는 압박은 늘 따라다녔고 '지금, 이 순간을 즐겨도 되는 걸까?'라는 질문은 사치처럼 느껴졌다. 성장보다 성과가 더 중요했던 그 시절, 우리는 삶이 아니라 당장 과업에 충실해야만 했다.

20대의 시간은 가능성과 불안이 공존하는 시기였다.

무엇이든 할 수 있을 것 같았지만, 정작 무엇을 선택해야 할지 몰랐다. 하고 싶은 일과 해야만 하는 일 사이에서 혼란스러웠고, 사회의 눈치를 보며 자신을 사회에 끼워 맞추려 애썼다. 타인의 기준에 맞추어 사는 법만 익숙해지고, 진짜 '나의 시간'은 점점 흐릿해졌다. 그 시절의 나에게 꼭 해주고 싶은 말이 있다면, "네 속도대로 가도 괜찮다."라는 한마디일 것이다.

30대는 책임의 시간이자 '버텨야 하는 시간'이었다.

가정을 이루고, 아이를 키우며, 생계를 책임지는 삶. 매일 아침 눈을 뜨자마자 해야 할 일들이 기다리고 있었고 하루를 살아낸다는 말이 결코 과장이 아니었다. 시간은 철저히 쪼개져야 했고, 그 안에 '나'라는 존재는 늘 마지막 순서에 머물렀다. 어느새 거울 속 자신을 보며 묻게 된다. "나는 지금 누구의 시간을 살고 있는가?"

40대는 속도를 늦춰야 할 이유를 비로소 깨닫는 시기였다. 앞만 보고 달리던 걸음을 멈추고, 뒤를 돌아볼 용기가 필요한 때. 지금까지의 인생이 과연 나의 선택이었는지를 처음으로 묻게 된다. 하지만 여전히 어깨는 무겁고 사회적 역할은 줄어들지 않는다. 한편으론 삶의 후반전에 대한 막연한 불안이 고개를 들기도 한다. 내가 잘 가고 있는지, 정말 원하는 방향으로 가고 있는지는 여전히 불투명하다. 그래서 이 시기는 성찰의 시간이자 전환의 문턱에 선 시간이다.

50대에 이르면 시간이 처음으로 '천천히 흐른다.'라는 감각을 경험하게 된다.

더는 남들과 경쟁하거나 누군가를 따라잡아야 한다는 강박은 사라지고, 대신 '이제는 나의 시간을 살아야 할 때'라는 목소리가 마음속에서 들려온다. 성취보다는 균형을, 속도보다는 방향을 중시하게 되는 전환점. 비로소 우리는 스스로 질문하게 된다. "앞으로 남은 시간, 나는 무엇을 중심에 둘 것인가?"

60대 이후 그들은 진정으로 '시간의 주인'이 되었다.

수십 년 동안 가족을 위해 희생했던 시간, 일에 쫓기며 흘려보냈던 시간을 내려놓고 오롯이 '나'에게로 되돌아오는 시간이다. 이제는 타인의 기대를 만족시키기 위해 사는 것이 아니라 자신의 기준에 따라 삶을 설계할 수 있다. 이 시기의 시간은 그저 하루하루를 보내는 시간이 아니라 인생 후반전을 준비하고 실현해나가는 '선택의 시간'이다.

70대의 시간은 속도보다는 '깊이'로 채워야 할 시간이다.

과거의 기억을 정리하고, 삶의 이야기를 나누며, 함께 있는 것의 의미를 더 깊이 느끼는 시기다. 하루하루를 그냥 흘려보내는 것이 아니라, 온전히 느끼며 살아가는 태도가 중요해진다. 이제는 가장 '나다운 방식'으로 하루를 살아낼 수 있는 여유와 자격이 주어진다. 누구와 함께 시간을 보낼 것인지, 무엇을 하며 하루를 설계할 것인지, 어떻게 이 하루를 기억하고 싶은지를 스스로 결정할 수 있는 시기. 하루하루가 삶의 회향점이자 축제처럼 다가오는 순간이다.

신중년의 시간은 분명히 다르다. 누군가의 일정에 맞춰 살아가는 삶이 아니다. 이제는 나의 리듬에 따라 하루를 설계하고 내 인생의 시간표를 내가 직접 그릴 수 있다. 가족, 직장, 사회가 정해 준 길이 아니라 내가 선택하고 결정한 길을 걸어갈 힘이 생기는 시기다. 시간의 주인이 된다는 것은 단순히 여유가 생긴다는 뜻이 아니다. 그것은 진짜 '선택의 자유'를 손에 쥐는 일이다. 무엇을 하며 시간을 보낼지, 누구와 함께할지, 어떤 감정으로 하루를 마무리할지를 스스로 선택한다는 것. 그것은 곧 '나는 내 인생의 방향을 직접 결정하겠다.'라는 선언이자 실천이다.

신중년이 시간을 잘 쓰기 위해 꼭 기억해야 할 것은 '바쁜 삶만이 의미 있는 것은 아니다'라는 점이다. 느리고 고요한 하루에도 충분한 성취감이 깃들 수 있고 여유 속에서도 나름의 밀도 있는 삶을 살아갈 수 있다. 중요한 것은 속도가 아니라 방향이며 얼마나 빠르게 달렸는가가 아니라 얼마나 나다운 방향으로 걸어가고 있는가이다.

시간의 주인이 된다는 것은 '지금, 이 순간'을 온전히 살아내는 태도이기도 하다. 마음이 분주해질수록 우리는 과거와 미래 사이에 머무르게 된다. 하지만 진짜 시간을 살아간다는 것은 지금 내 앞의 사람을 바라보고, 오늘의 공기를 마시고, 내 감정과 생각을 있는 그대로 느끼는 일이다. 그것이 바로 시간의 밀도를 높이고 삶의 의미를 더하는 방법이다.

또한 신중년의 시간은 개인적인 것에 머물지 않는다. 함께 걷는 산책, 따뜻한 말 한마디, 손편지를 쓰는 일상이 오히려 더 큰 깊이를 만들어 낸다. 이제는 시간의 양이 아닌 깊이를 선택할 수 있어야 한다. 하루에 휘둘리지 않고 시계를 바라보며 자신의 시간을 자각할 수 있는 삶. 그것이야말로 진짜 '시간의 주인'으로 사는 방식이다. 그러니 지금 나와의 조용한 대화를 시도해 보자. '나는 지금 어떤 시간 위에 서 있는가.' '오늘의 하루는 내가 중심이 되어 흐르고 있는가.' 그렇다면 나는 이미 시간을 다스릴 줄 아는 사람이다.

이제부터의 시간은 온전히 나의 것이다. 신중년은 더는 타인의 시간에 맞춰 사는 사람이 아니다. 삶의 주인으로서 하루를 설계하고 그 안에 나다운 리듬을 새겨 넣는다. 시간은 기다려주지 않지만 나는 지금 이 순간부터 시간을 다스릴 수 있다. 그리고 그 선택이 곧 내 인생을 새로 쓰는 힘이 된다.

↘ 지금, 나의 시간으로 산다

누구의 시간에 묶여 살던 우리는 이제 자기 리듬으로 하루를 설계할 수 있다. 빠름보다 방향이, 양보다 깊이가 더 중요한 시기. 지금 이 순간을 온전히 살아낼 때, 비로소 삶은 내 것이 된다. 신중년의 시간은 기다림이 아니라 선택이며 선언이다.

✳

'해야 한다' 대신
'하고 싶다'를 선택하는 용기

신중년은 오랫동안 '해야 한다.'라는 말에 순응해 왔다. 책임감 있게 살아가는 법, 성실하게 하루를 보내는 법, 어른답게 행동하는 법은 언제나 '의무'를 전제로 했다. 그래서 하고 싶은 일보다 해야만 하는 일을 먼저 선택했고, 마음보다 역할을 앞세운 채 시간을 보냈다. 그러다 문득 스스로 묻게 된다. "나는 지금 나의 시간을 사는 걸까?"

이 질문은 단순한 회의나 자조 섞인 물음이 아니다. 그동안 잊고 지낸 감정들, 나도 몰랐던 갈망이 고개를 드는 순간이다. 어른이 되어가며 우리는 소리 없이 많은 것을 놓친다. 아이였던 시절, 별다른 이유 없이 웃고 울고 좋아했던 마음들은 사회적 책임과 규범 아래 점점 희미해진다. 그리고 가장 먼저 잃는 것은 '그냥'의 마음이다. 그냥 좋아서, 그냥 궁금해서, 그냥 해보고 싶어서 시작했던 마음. 그 단순하고 명료한 감정은 어른이 되면서 너무 멀리 가버린 듯하다. 어른이 되어가며 잃어버린 아이의 마음을 다섯 가지 감정으로 돌아본다.

1. 틀릴 수 있다는 용기

우리는 실수에 인색한 사회에서 자라 왔다. 가정에서, 학교에서, 직장에서 잘못된 선택은 낙인이 되었고, 실패는 곧 무능력으로 여겨졌다. 그 결과 점점 '틀리는 것'을 두려워하게 되었다. 그러나 어린 시절을 떠올려 보면, 틀리는 건 전혀 이상한 일이 아니었다. 오히려 배움의 과정이었다. 그 당연했던 용기마저 어른이 되며 조심스럽고 무거워진다.

2. 모른다고 말할 수 있는 솔직함

아이들은 모른다고 해맑게 말한다. 체면도 두려움도 없다. 그러나 어른이 되면 '모른다'라는 말에 주저한다. 무지해 보일까 봐, 무능력해 보일까 봐 망설인다. 그래서 알지 못하는 것에 대해 아는 척하고 어설픈 정보로 자신을 방어한다. 하지만 진짜 성숙함은 모른다고 솔직하게 말할 수 있는 용기에서 비롯된다. 성장은 언제나 '나는 아직 잘 모른다.'라는 고백에서 시작된다.

3. 마음 가는 대로 움직이는 자유

『고전이 답했다』의 고명환 작가는, '행복이란, 원하는 시간에 원하는 사람과 원하는 장소에 있을 수 있는 것'이라고 말했다. 그러나 우리는 점점 시간과 돈, 책임의 벽에 갇혀 살게 된다. 모두의 일정과 눈치를 살피다 보면 마음 가는 대로 움직이는 일은 사치처럼 느껴진다. 아이들은 단순히 하고 싶어서 움직인다. 우리는 하고 싶어도 먼저 조건을 따진다. '괜찮을까, 해도 될까, 이게 맞는 걸까.' 그 질문들 앞에서 마음은 자꾸 뒤로 물러선다.

4. 상처받아도 다시 다가갈 수 있는 순수함

아이들은 상처받아도 금세 웃고 다시 다가간다. 그러나 어른이 되면 관계의 상처는 쉽게 아물지 않는다. 거절당했던 기억, 무안했던 순간들이 새로운 시도를 망설이게 만든다. 상처받고도 다시 마음을 여는 일, 그 순수한 용기는 어른이 되며 가장 먼저 닫히는 문이다. 그러나 진심은 여전히 우리 안에 있다. 다만 꺼내는 법을 잊었을 뿐이다.

5. 설명보다 감정을 믿던 태도

아이들은 말을 배우기 전에도 마음을 표현할 줄 안다. 좋으면 웃고, 싫으면 울고, 궁금하면 묻는다. 그 안에는 꾸밈도 과장도 없다. 그러나 어른이 될수록 감정을 설명하려 하고, 포장하려 한다. '왜 그런지'를 말하다 보면 진심은 흐려지고, 말이 많아질수록 마음은 멀어진다. 때로는 설명보다 감정을 먼저 믿는 태도가 더 정직한 소통이 된다. 아이의 방식은 여전히 우리에게 많은 것을 가르쳐준다. 아이의 마음은 결핍이 아니라 가능성이었다.

어른이 되며 몸은 성장했지만 감정과 용기가 함께 자라지 못했다면 우리는 여전히 불균형한 존재다. 흔히 '나이 들수록 아이가 된다.'라고 말하지만 그 말은 순수함으로 돌아간다는 뜻이라기보다 누군가에게 의지하고 싶어지는 감정의 회귀에 가깝다. 어른다움은 단순히 역할을 다하는 데 있지 않다. 그럼에도 불구하고 다시 도전하는 마음. 그 안에 진짜 어른다움이 있다.

글쓰기 수업에서 만난 한 수강생이 떠오른다. 그는 늘 맨 뒷자리에 앉았고 눈도 잘 마주치지 못했다. 다소 고립된 시간을 보내온 듯한 분위기였다. 그러나 강의 시간에 글쓰기 주제를 제시하고 모두가 글을 쓰기 시작했을 때 그의 책상 위에는 빼곡한 필기의 흔적들이 있었다. 표현은 서툴 수 있어도 배우고자 하는 마음은 누구보다 단단했다. 그 마음의 원천은 단 하나, '더 배우고 잘 쓰고 싶다.'라는 갈망이었다.

또 다른 수강생은 3개월의 강의를 마무리하는 날 곱게 접은 쪽지와 선물로 책 한 권을 내게 선물이라며 전해 주었다. 쪽지에는 "글쓰기를 너무 해 보고 싶었지만, 방법을 몰랐어요. 그 방법을 알려주셔서 감사합니다."라고 적혀 있었다. 그가 건넨 책은 『마당을 나온 암탉』이었다. 초등학교 교과서에도 실린 어린이 동화이자 그의 인생 책이었다. 집에 돌아와

단숨에 읽어 내려 갔다. 책 속에는 엄마가 있었고, 아이가 있었고, 상실과 절망, 희망과 꿈이 교차하고 있었다. 그리고 무엇보다 가장 큰 사랑이 담겨 있었다. 그 순간 알 수 있었다. 왜 그분이 눈시울을 붉히며 이 책을 내게 건넸는지. 지금 이 글을 쓰는 순간에도 그분의 눈빛이 선명하다.

어른이 어린이 도서를 마음에 품고 살아갈 수 있다는 것. 그 자체로 마음이 살아 있다는 증거였다. 신중년은 종종 늦었다는 생각에 사로잡히지만 지금이라도 시작할 수 있다는 자세가 필요하다. 그럼에도 불구하고 해보는 것. 그것이 곧 용기이자 성장이다.

인생 2막을 시작하는 어른에게 아이의 마음은 다시 찾아온다. 설렘과 효능감은 아이에게도 어른에게도 똑같이 필요한 감정이다. '해야 한다'라는 말은 습관이 된다. 어느새 우리는 '하고 싶은 일'을 묻는 법조차 잊는다. 그러나 지금 이 시점에서 우리는 다시 그 질문을 꺼내야 한다. "나는 무엇을 하고 싶었는가?"

'해야 한다.'라는 말은 타인의 기대와 사회적 규범에서 비롯된다. 반면 '하고 싶다.'라는 말은 내면에서 비롯된다. 전자는 타인의 시간에 나를 맞추게 하고, 후자는 나만의 속도로 살아가게 한다.

'하고 싶다'를 선택하는 일은 단순한 기분의 문제가 아니다. 그것은 삶의 방향을 바꾸는 결정이다. 작은 취미 하나, 소소한 배움 하나가 삶의 중심을 이동시킨다. 물론 그 선택은 쉽지 않다. 시선, 두려움, 경제적 고민이 여전히 발목을 잡는다. 그러나 하고 싶은 일을 향한 걸음은 작지만 단단하다. 그 안에는 나를 향한 애정과 삶에 대한 주도권이 담겨 있다. 누군가는 정원을 가꾸기 시작했고, 누군가는 그림을 다시 그리기 시작했고, 또 누군가는 블로그에 하루 한 줄을 남기기 시작했다. 그렇게 작지만 분명한 실천이 삶을 바꿔놓는다.

이제 다시 자신에게 물어야 할 때다. "나는 오늘 무엇을 하고 싶었나?" 그리고 그 대답을 향해 아주 작고 조용한 한 걸음을 내디뎌 보자. 그 한 걸음이 삶의 방향을 바꿔놓을지도 모른다.

↘ 다시 아이의 마음으로 살아가도 괜찮은 시기

신중년은 오랫동안 '해야 한다.'라는 말에 묶여 살아왔다. 그러나 삶을 바꾸는 힘은 '하고 싶다.'라는 마음에서 시작된다. 작은 실천 하나가 다시 설렘을 불러내고, 인생 2막의 방향을 새롭게 열어 준다.

가장 나답게
삶을 표현하는 시간

나를 표현하는 데 정답은 없다. 오답도 없다. 그림이든, 글이든, 음악이든, 혹은 단 한 줄의 일기든, 모두 '나'를 드러내는 방법과 수단이 될 수 있다. 말로 표현하지 않아도 행동과 손끝, 관심과 기록으로 충분히 나를 보여줄 수 있다. 표현은 단지 전달의 도구가 아니라 나를 살아있게 만드는 행위다.

공예를 하는 사람은 작품을 통해 말을 하고, 악기 연주자는 선율로 감정을 전하며, 글을 쓰는 사람은 문장으로 자신을 드러낸다. 누군가는 매일 산책을 통해 스스로와 대화하고, 또 다른 이는 사진이나 여행으로 자신을 나타낸다. 방식은 달라도 중요한 건 그 안에 '내가 살아 있다'라는 흔적이 담겨 있다는 점이다.

나이가 들수록 이런 표현의 힘은 더 필요하다. 오랜 세월 동안 쌓아온 경험과 감정은 이미 풍부하다. 문제는 그것을 꺼내어 어떻게 다루느냐이다. 신중년에게 표현은 단순한 취미가 아니라 내면 성장을 위한 도구다. 한 땀 한 땀 바느질하듯 조용히 자신을 드러내는 일, 그것이야말로 인생의 후반부를 단단히 살아가게 하는 힘이다. 무엇보다 중요한 것은 자기 자신을 성찰하는 시간이다. '나는 누구인가, 어떤 삶을 살아왔는가, 지금 무엇을 중요하게 생각하며 살아가고 있는가.' 이런 질문은 단순한 호기심이 아니라 삶의 방향을 다시 점검하게 만드는 나침반이다.

30~40대에는 생계를 위해, 가정을 위해 쉼 없이 달려왔기에 이 질문을 깊이 다룰 여유가 없었다. 그러나 이제는 다르다. 역할이 줄어들면서 비로소 자기 자신에게 질문을 던질 수 있다. 답은 글이 될 수도, 그림이 될 수도, 아침마다 걷는 루틴일 수도 있다. 중요한 건 정답이 아니라 그 과정을 통해 내가 더 나답게 변한다는 것이다. 신중년의 자기계발은 젊은 세대와는 결이 다르다. 30대와 40대가 커리어 확장이나 성과 중심의 자기계발을 한다면 신중년은 삶의 균형과 내적 충만을 지향한다. 사회적 성취를 통해 존재를 증명하던 시기를 지나온 지금, 필요한 것은 속도의 경쟁이 아니라 내면의 평온이다. 단 한 번의 성취보다 매일의 작은 루틴이 삶을 지탱하는 힘이 된다.

이를테면 글쓰기는 자기 성찰의 방법이 되고 운동은 몸과 마음을 단단히 지탱하는 습관이 된다. 독서는 새로운 사유의 길을 열고 음악이나 예술은 감정을 맑게 씻어준다. 때로는 낯선 여행이 나를 흔들어 깨우기도 한다. 익숙한 장소를 떠나 낯선 길을 걷는 순간, 잊고 있던 감각이 깨어나고 새로운 생각이 피어난다. 이 모든 것이 신중년에게는 훌륭한 자기계발이 된다.

아이들의 대화가 하나 떠오른다. 아홉 살 누나가 다섯 살 동생에게 말했다.

"내가 더 잘하는 이유는 너보다 밥을 더 많이 먹었기 때문이야." 귀엽고 엉뚱한 말 같지만 그 안에는 삶의 진실이 숨어 있다. 더 오래 살아온 만큼 더 많은 경험의 밥을 먹은 세대, 바로 신중년이다. 경험은 그 자체로 지식이자 자산이다. 이제는 그 경험을 단순히 쌓아 두는 것이 아니라 힘으로 바꾸어야 한다. 그렇다면 신중년이 내면 성장을 위해 집중해야 할 것은 무엇일까. 세 가지로 정리할 수 있다.

1. 첫째는 '발견'이다.

나는 어떤 사람인지, 무엇을 좋아하는지, 지금 무엇을 필요로 하는지를 다시 발견하는 일이다. 우리는 종종 역할에 묶여 자신을 잊어버린다. 그러나 글을 쓰거나, 그림을 그리고, 매일의 작은 루틴을 지켜나가다 보면 잊고 있던 나의 얼굴을 새롭게 만나는 순간이 찾아온다. "내가 이런 사람이었구나"라는 깨달음이 곧 자기발견이다.

2. 둘째는 '설렘'이다.

설렘은 단순한 감정이 아니라 내 안에 아직 에너지가 남아 있다는 증거다. 새로운 배움과 시도를 통해 우리는 다시 두근거림을 느낀다. 한 수강생은 60대에 처음으로 바이올린을 배웠다. 소리를 내는 일이 쉽지 않아 포기하고 싶던 순간도 있었지만, 어느 날 자신이 좋아하는 곡의 한 소절을 제대로 연주했을 때, 그는 눈물이 날 만큼 감동했다고 했다. 그 순간의 설렘은 인생 후반부를 살아가게 하는 힘이었다.

3. 셋째는 '꿈'이다.

"이 나이에 무슨 꿈이냐."는 말은 옳지 않다. 꿈은 거창하지 않아도 된다. 작은 목표 하나, 매일의 설렘 하나가 삶을 다시 앞으로 나아가게 한다. 누군가는 여행을 꿈꾸고, 누군가는 언어를 배우며, 또 누군가는 책 한 권을 쓰는 꿈을 꾼다. 중요한 건 '나는 아직 성장할 수 있다.'라는 믿음이다. 꿈은 내면 성장을 끝까지 이끌어 주는 불씨다.

표현은 결국 연결이다. 나와 나를 연결하고 나와 세상을 연결한다. 누군가는 글로, 누군가는 여행으로, 또 누군가는 음악이나 손끝의 작품으로 자신을 드러낸다. 중요한 것은 그 표현이 '나는 살아 있다.'라는 사실을 확인하게 해 준다는 점이다.

나는 여러 신중년의 사례를 보아 왔다. 한 수강생은 65세에 대학원 석사학위를 마쳤다. 30~40년이나 어린 학생들 사이에서 가장 좋은 성적으로 졸업하며 그는 곧 대학원에서 전설이 되었다. 그것은 일시적인 열정이 아니라 오랜 세월 갈고닦은 태도의 결과였다. 다른 수강생은 어린이집 교사로 일했던 경험을 살려 교구 만들기 전자책을 썼다. 한 권을 시작으로 일곱 권의 책을 연이어 펴냈고, 그 과정에서 자신감을 얻어 대학교 유아교육학과 강좌를 맡게 되었다. 이어서 여성가족원 강좌로까지 이어지며 삶의 지평을 넓혀 갔다. "시작하면 또 다른 시작이 열린다."라는 말을 보여주는 사례였다. 누군가는 악기를, 누군가는 언어를, 또 누군가는 여행과 글쓰기를 통해 새로운 자신을 발견했다. 그들의 선택은 모두 달랐지만, 공통점은 하나였다. "나는 아직 성장할 수 있다." 이 믿음이야말로 인생 후반부를 살아가는 가장 큰 에너지다.

신중년의 자기계발은 이제는 타인과의 경쟁에서 앞서기 위한 노력이 아니다. 그것은 오히려 내 안의 가치를 다시 발견하고, 그동안 잊고 지냈던 나의 가능성을 새롭게 확인하는 과정이다. 단순히 더 배우고 더 성장하는 데 그치지 않고, 살아온 시간을 바탕으로 삶의 성취를 스스로 증명하는 일이 된다. 이제는 타인의 기준이 아니라 내 마음이 향하는 방향을 따르는 것이 중요하다. 익숙했던 역할을 내려놓고 사회가 요구한 모습이 아닌 진짜 나의 얼굴로 살아가는 것, 그 시간이 바로 지금 이 순간이다.

↴ **진짜 나로 살아가는 시간**

신중년의 자기계발은 타인과의 경쟁이 아니라 내 안의 가치를 발견하는 일이다. 성장이 아니라 성취이며 남의 기준이 아니라 내 마음의 방향을 따르는 선택이다. 익숙한 역할을 내려놓고 나답게 살아가는 순간, 그 시간이 바로 지금이다.

＊

나를 위해
아름답게 늙을 권리

우리는 오랫동안 나이 드는 것을 '늙는 것'과 같은 의미로 받아들여 왔다. 그 말에는 초라함, 쇠약함, 그리고 사회에서 점점 밀려나는 존재감이 담겨 있었다. 그래서 사람들은 나이를 감추고 젊음을 증명하려 애쓴다. 젊음은 활력과 가능성으로 그려지지만 늙음은 불편한 현실이자 다가올 두려움으로 비친다.

그렇다면 정말 나이 든다는 것은 초라해지는 일일까? 신중년의 시간과 함께하며 나는 내 삶을 다시 들여다보았다. 그동안 얼마나 많은 것들을 참아왔고, 미뤄왔고, 잊은 채 살아왔는지 알게 되었다. 언제부턴가 '나를 위한 삶'은 사치처럼 느껴졌고 해야 할 일들이 언제나 우선이었다. 그러는 사이 나는 나 자신에게서 멀어졌다. 하지만 시간이 흐를수록 다시 나를 향한 마음이 되살아났다. "이제는 나를 위해 살아도 되지 않을까?" 그 질문이 서서히 스며들면서 삶은 이전과는 다른 방향으로 조금씩 돌아섰다. 아이들은 세상을 배울 때 가장 먼저 자신을 기준으로 바라본다. 기쁨과 슬픔, 만족과 불쾌감을 솔직하게 표현하며 좋은 건 취하고, 싫은 건 거부한다. 이는 단순한 습관이 아니라 심리 발달상 당연한 과정이다.

장 피아제Jean Piaget, 1952는 『The Origins of Intelligence in Children』*에서 7세 이전 아이들은 타인의 처지를 이해하지 못하고 자기중심적으로 세상을 인식한다고 보았다. 발달심리학 교과서에서 널리 수용되는 이 이론에 따르면, 전조작기pre-operational stage의 아이는 '내가 곧 세계'라는 전제로 사고하며, 모든 사물과 사건을 자기 관점에서 해석한다. 흥미로운 점은 이러한 자기 중심성이 단지 유년기에 머무는 특성이 아니라, 어른이 되어서도 무의식적인 흔적으로 남는다는 것이다.

---

*   전조작기(2~7세) 아이는 타인의 관점을 이해하지 못하고 자기중심적으로 세상을 인식한다는 이론을 주장했다. 이는 발달심리학 교과서에서 널리 수용되고 있다.

우리는 성장하면서 그 중심을 점점 바깥으로 옮겨 간다. 가족의 기대, 학교의 규칙, 직장의 역할, 사회적 기준에 따라 자기 자신보다 타인을 먼저 고려하는 삶에 익숙해진다. 그러나 그 과정에서 정작 "나는 무엇을 원하는가?"라는 질문은 종종 뒤로 밀려나고는 한다. 그러던 어느 날, 그 질문이 다시 고개를 든다.

"나는 지금 나답게 살고 있는가?"

"이제는 내 감정을 먼저 챙겨도 되는 게 아닐까?"

발달심리학자 에릭 에릭슨Erik Erikson**은 전 생애 발달 이론life-span developmental psychology에서 성인기의 발달 과제를 '생산성 vs 침체'로 설명한다. 이는 곧 사회적 역할을 충실히 수행하는 것보다 나 자신의 의미와 회복을 새롭게 발견하는 것이 더 중요한 시기가 도래한다는 뜻이다. 자녀를 키우고, 일에서 한발 물러나며, 더는 타인의 기준에 얽매이지 않아도 되는 순간, 우리는 비로소 '나를 다시 살아내는 일'과 마주하게 된다.

바로 이 지점에서 신중년의 시간이 시작된다. 신중년은 단순히 나이가 더해진 시기가 아니다. 오히려 삶의 겹이 쌓이며 자기 이해가 깊어진 시간이고, 오랫동안 미뤄두었던 '나 자신'과 다시 손을 맞잡을 수 있는 시기다. 지금의 나는 무엇에 지치고, 무엇에 살아나는지를 이전보다 훨씬 더 명확히 알고 있다. 그것은 오랜 시간을 통과하며 몸으로 익히고, 마음으로 체득한 감각이다.

젊었을 때는 말하는 대신 침묵을 택했고, 감정보다는 상황을 우선했으며, 종종 나를 감춘 채 살아야 했다. 그러나 지금은 다르다. 이기기 위한 말이 아니라 자신을 지키기 위한 언어를 하나씩 배워가고 있다. 물론 몸은 예전 같지 않다. 계단을 오를 때 숨이 차고 기억은 더디기만 하다.

하지만 생각은 깊어졌고 감정은 더 유연해졌다. 겉모습은 바뀌었지만 내면에는 여전히 배우고 성장하려는 내가 남아있다. 이제는 사회의 시선보다 내 마음의 진심에 더 귀 기울여도 될 때다. 내가 좋아하는 것, 나를 편하게 하는 것들을 더는 감추지 않아도 된다고 말해줄 수 있는 시기다. 누구와 비교하지 않고, 어떤 유행도 따르지 않으며, 내 속도와 내 방식으로 조용히, 그러나 단단하게 살아가는 것. 그게 바로 신중년에게 주어진 권리다.

'아름답게 늙을 권리.' 젊게 보이기 위한 노력보다 자기답게 늙기 위한 수고가 더 필요한 시기. 그 권리를 지키기 위해 이제는 자기 우선을 당연한 가치로 받아들여도 괜찮다. 늙어간다는 건 무너지는 일이 아니다. 겹겹이 쌓인 시간 속에서 조금씩 더 나다워지는 일이다. 그리고 지금, 신중년은 그 아름다움의 중심에 서 있다.

↘ **지금, 나로 살아갈 권리**

나이 듦은 쇠약이 아니라, 겹겹이 쌓인 시간 속에서 더 나다워지는 과정이다. 신중년은 타인의 기준을 내려놓고 '나'를 다시 살아내는 시기다. 누구와도 비교하지 않고, 내 속도와 방식으로 살아가는 것, 그것이 곧 신중년의 진짜 자기계발이다.

＊

신중년,
지금이 최고의 나이다

'나답게 살아간다.'라는 말을 다시 떠올려 본다. 그 짧은 말 속에는 내가 어떤 사람인지에 대한 인식이 담겨 있다. 어떤 삶을 바라며, 어떤 가치를 지향하는지에 대한 분명한 방향이 들어 있다. 동시에 그 안에는 지나온 시간의 무게와 앞으로 살아갈 날들에 대한 다짐까지 함께 담겨 있다. 돌아보면 오

랫동안 '나답게'보다는 '누구처럼', '누구보다 더'라는 기준
이 먼저였다. 타인의 눈에 괜찮아 보이는 삶을 좇았고, 누군
가의 인정을 받는 일을 우선했다. 그 과정에서 나는 점점 희
미해졌고, 수많은 역할과 타이틀 속에 가려진 또 다른 내가
있었다.

이 사람처럼 되고 싶다는 바람, 저 사람보다는 더 잘돼야
한다는 마음은 결국 "나는 누구인가."라는 물음을 뒤로 미루
게 했다. 어린 시절에는 훌륭한 어른이 되고 싶었다. 늘 누군
가와 나를 나란히 놓고 비교했고, 남들보다 앞서가고 싶었
다. 그러나 그 바람의 중심에 '진짜 나'는 없었다. 스스로 원
하는 삶보다는 세상이 말하는 삶에 나를 억지로 끼워 넣으며
살았다. 좋아하는 것보다 잘해야 하는 일을 먼저 선택했고,
행복보다 인정받는 것을 더 중요하게 여겼다. 그러나 이제는
다르다. 신중년의 시기는 어떤 타이틀보다 '나'로 살아가는
일이 더 중요해지는 시간이다. 오랜 세월을 지나 마침내 도
착한 시점이다. 억지로 어울리지 않는 옷을 입지 않아도 되
는 나이, 버거운 관계에 나를 희생시키지 않아도 되는 나이,
하고 싶은 말을 조금 더 솔직하게 꺼낼 수 있는 나이가 바로
이 시대의 신중년이다.

이건 세상이 신중년에게 주는 고맙고 단단한 선물 같은 시

간이다. 시간은 많은 것을 가져갔지만 동시에 이제야 나를 만날 수 있게 해 주었다. 예전으로 돌아갈 수 있다면 어떤 선택을 하겠느냐는 질문에 많은 신중년은 이렇게 답한다. "굳이 돌아가고 싶지 않아요. 지금이 제일 좋아요." 그 말에는 지금이야말로 내 선택으로 살아가는 시간, 조금은 편안해진 내 삶을 온전히 누릴 수 있는 시기라는 자부심이 담겨 있다. 그래서 이 시대의 신중년은 모두 앞으로가 더 기대되는 삶을 살 자격이 충분하다.

삶이 깊어질수록 보이는 것이 있다. '나는 무엇을 좋아하고, 어디에 아파하며, 무엇을 바라는가?' 그 단순한 질문 하나에 머뭇거리던 시절은 이제 지나갔다. 이제는 그 질문을 외면하지 않고, 조용히 그리고 진심으로 물어볼 수 있다. 당장 답이 나오지 않아도 괜찮다. 그 물음 속에 내 삶의 방향이 있고, 내가 살아온 시간의 흔적이 있기 때문이다.

30~40년 직장 생활로 짜인 시간에 묶였던 한 신중년은 말했다. "이제는 천천히 가고 싶습니다. 카톡 알림음에 쫓기던 삶에서 벗어나고 싶어요." 그렇다. 이제는 속도를 늦추어도 괜찮고, 멈추어 서 있어도 괜찮다. 누군가의 속도에 나를 맞추지 않아도 되고, 타인의 시선을 의식하며 나를 꾸밀 필요도 없다. 지금 이 순간 우리는 다른 누구도 아닌 '나'로 존재

할 수 있는 시간 위에 서 있다. 내가 나를 가장 깊이 이해하고 내 삶을 직접 설계할 수 있는 시기. 그것이 바로 신중년이다.

이제 신중년은 더는 '퇴직한 세대'라는 한정적인 대상으로 불리지 않는다. 오히려 새로운 배움을 시작할 수 있고, 관계를 새롭게 맺을 수 있으며, 또 다른 길을 개척할 수 있는 여유를 품은 사람들이다. 어떤 이는 글을 쓰고, 어떤 이는 악기를 배우며, 또 어떤 이는 오랫동안 미뤄둔 공부를 이어간다. 배우고, 읽고, 쓰고, 가르치고, 나누는 그 모든 순간이 여전히 성장의 증거다.

더 나은 내가 되기 위해서가 아니라 진짜 나로 살아가기 위해서 부여된 시간이다.

그래서 지금 이 순간이야말로 신중년이 가장 단단하고 가장 찬란하게 존재할 수 있는 이유다.

나는 확신한다. 이 시대의 신중년은 은퇴해서 쓸모없는 세대가 아니다. 오히려 새로운 가능성을 만들 수 있는 세대다. 지금껏 걸어온 길이 다가오는 세대에게 지혜가 되듯, 지금 살아내는 시간 또한 곧 미래 세대에게 희망의 증거가 된다. 신중년의 도전은 개인의 의미를 넘어 사회 전체의 자산이 된다.

그러니 두려워하지 않아도 된다. 더 많이 두드리고, 더 많이 다가가도 괜찮다. 앞으로의 시간은 과거보다 짧을지 모르지만, 그 깊이는 훨씬 더 단단하고 넓을 수 있다. 나이 듦은 쇠약이 아니라 나다움을 되찾는 과정이다.

여전히 꿈꿀 수 있고, 여전히 배울 수 있으며, 여전히 시작할 수 있다. 그것이 바로 이 시대 신중년에게 주어진 가장 큰 희망이자 권리다.

나는 이 시대의 신중년을 진심으로 응원한다. 그들의 삶을 존경한다. 그리고 나 또한 다가올 나의 신중년을 설레는 마음으로 기다린다. 왜냐하면 그 시간은 두려움의 이름이 아니라 나답게 살아갈 수 있는 가장 아름다운 이름이 될 것이기 때문이다.

↘ 지금이 가장 빛나는 순간

신중년의 시간은 은퇴 후 주어진 덤이 아니다. 인생 후반전의 진짜 무대다. 타인의 눈이 아닌 스스로의 선택으로 살아가며, 여전히 배우고, 쓰고, 나눌 수 있는 세대다. 나이 듦은 쇠약이 아니라 나다움을 회복하는 과정이다. 지금 이 순간이 바로 신중년이 가장 찬란하게 존재할 수 있는 시간이다.

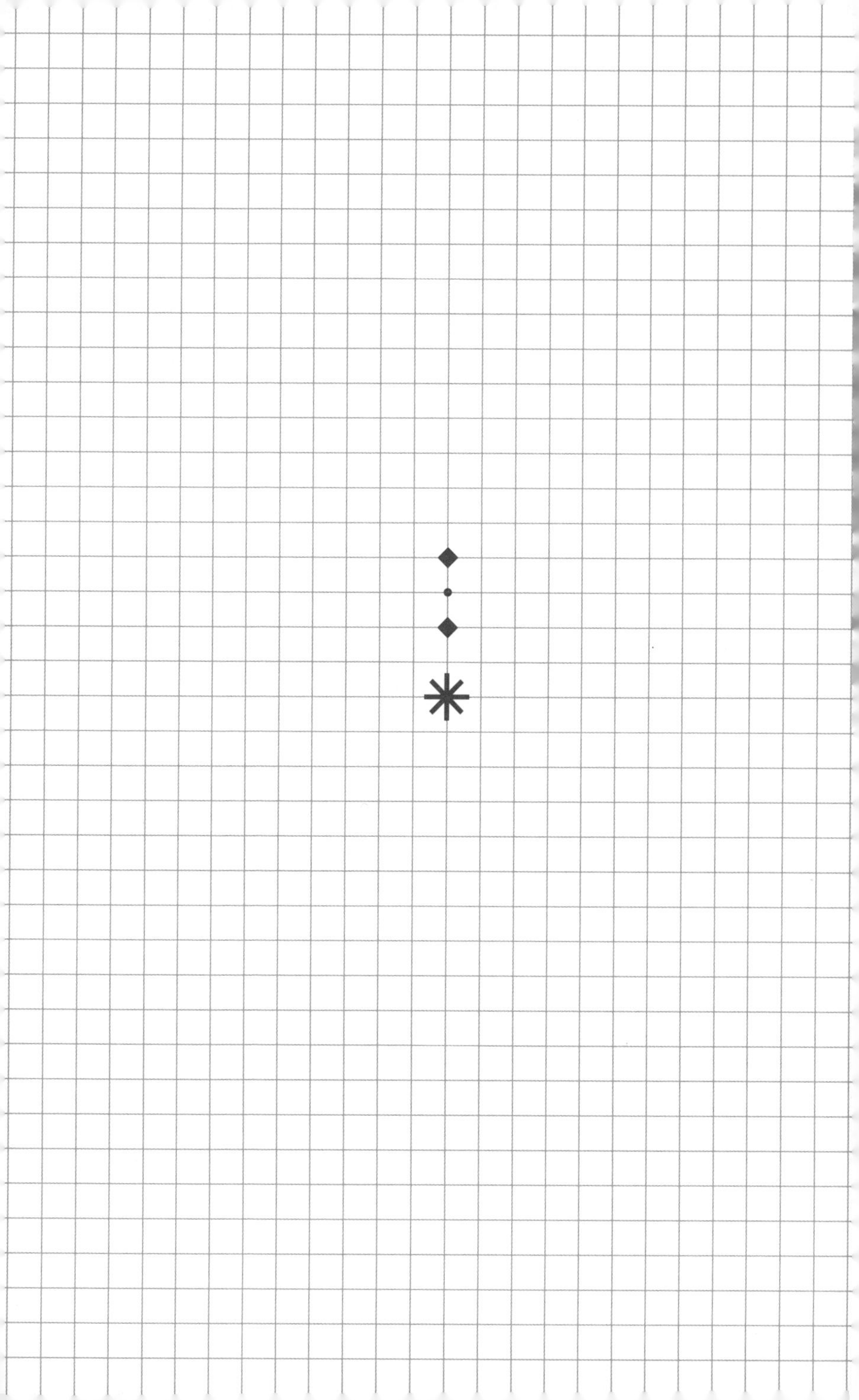

'나는 지금 잘 살고 있는 걸까?'
'지금부터라도 무언가를 시작할 수 있을까?'
'이 나이에 아직 꿈을 꿔도 괜찮을까?'
'나에게 정말 꿈이 있기는 할까?'

이런 물음을 누구나 살아오면서 한 번쯤은 자신에게 던졌을 겁니다. 그 질문 속에는 지금까지 달려온 삶의 무게와 앞으로의 시간을 어떻게 살아가야 할지에 대한 고민이 담겨 있습니다. 이 책은 인생 2막을 맞이한 신중년에게 위로와 용기를 전하고 싶어 시작되었습니다. 동시에, 앞으로 신중년이 될 지금의 세대에게도 이 시대 신중년의 고민과 도전, 그리고 그들이 만들어 낸 성취의 이야기를 전하고 싶었습니다. 이 책이 미래를 미리 그려볼 수 있는 귀한 길잡이가 될 수 있으리라 믿습니다.

이 시대의 신중년은 참 많은 역할과 책임을 감당하며 살아오셨습니다. 가정을 돌보고, 일터에서 묵묵히 버티며, 언제나 누군가의 뒤를 지켜주는 자리에 서 계셨을 겁니다. 그런 당신께 조심스레 말씀드리고 싶었습니다. 이제부터는 당신을 위한 시간입니다. 세상이 정해 놓은 기준이 아닌, 자신의 꿈과 이야기를 따라가도 괜찮습니다.

많은 신중년을 만나며 배운 것은 새로운 시작은 언제든 가능하다는 사실입니다. 어떤 이는 오랫동안 미뤄 두었던 공부를 다시 이어갔고, 어떤 이는 손끝으로 예술을 만들어 내며 두 번째 청춘을 살았습니다. 또 어떤 이는 여행길에서 삶의 의미를 찾았고, 누군가는 오랫동안 품어온 글쓰기의 꿈을 꺼내기도 했습니다. 방식은 달랐지만 공통점은 하나였습니다. "이제는 주저앉지 않겠다."라는 다짐이었습니다.

그 모습을 보며 저는 확신하게 되었습니다. 당신도 분명히 해낼 수 있습니다. 지금부터라도 배울 수 있고, 지금부터라도 시작할 수 있습니다. 꿈을 키우든, 취미를 즐기든, 관계를 새롭게 맺든, 그 어떤 방식이든 충분히 찬란할 수 있습니다.

혹시 '나도 한번 시작해볼까?' '나도 다시 배워보고 싶다', '나도 새로운 꿈을 찾아야겠다.'라는 마음이 든다면, 이미 그것이 새로운 시작의 증거입니다. 그리고 꼭 기억해 주세요. 당신의 이야기는 누군가에겐 큰 희망이 될 수 있습니다. 지금 당신이 겪는 하루가 어떤 이에게는 내일을 살아갈 용기가 되기도 하니까요.

　이 책의 마지막에는 제가 평소 좋아하던 나태주 시인의 시 〈다시 중학생에게〉에서 영감을 받아 신중년에게 건네고 싶은 메시지를 담아 보았습니다. 시인의 시가 청소년에게 위로와 용기를 건넸듯, 저는 같은 마음으로 신중년에게도 이 시를 전하고 싶었습니다.

　살다 보면 누구나 한 번쯤은 버스를 놓치듯 기회를 놓쳤다고 느낄 때가 있습니다. 하지만 다음 버스는 반드시 오고, 때로는 그 버스가 더 좋은 길로 데려가기도 합니다. 신중년의 시간도 그렇습니다. 놓친 것 같아도 괜찮습니다. 이제부터가 더 단단하고, 더 빛날 수 있습니다. 당신이 걸어온 길을 응원하며, 앞으로의 시간이야말로 가장 찬란할 수 있다는 희망을 전합니다.
　이제 조용히 그 시를 건넵니다.

사람이 삶을 살다 보면,
문득 내 삶을 돌아보는
순간이 오게 되지요.

세월이 어떻게 흘렀는지도 모른 채,
어느덧 먼 길을 걸어온
나를 마주하게 됩니다.

그럴 때마다 신중년이여,
기억해 주세요.
지나온 날들은 이미 지난 것이고,
앞으로의 날들이
더 소중하다는 것을요.

어떤 순간에도 신중년이여,
잊지 말아 주세요.

지금이 가장 좋은 때이며,
삶의 주인으로 서 있는
지금, 이 순간이야말로
당신이 가장
빛날 순간이라는 것을요.

그리고 그 길에서 당신은
결코, 혼자가 아니라는 것을요.

다시 신중년에게, 더블와이파파

신중년, 당신은 어디로 가고 있는가?

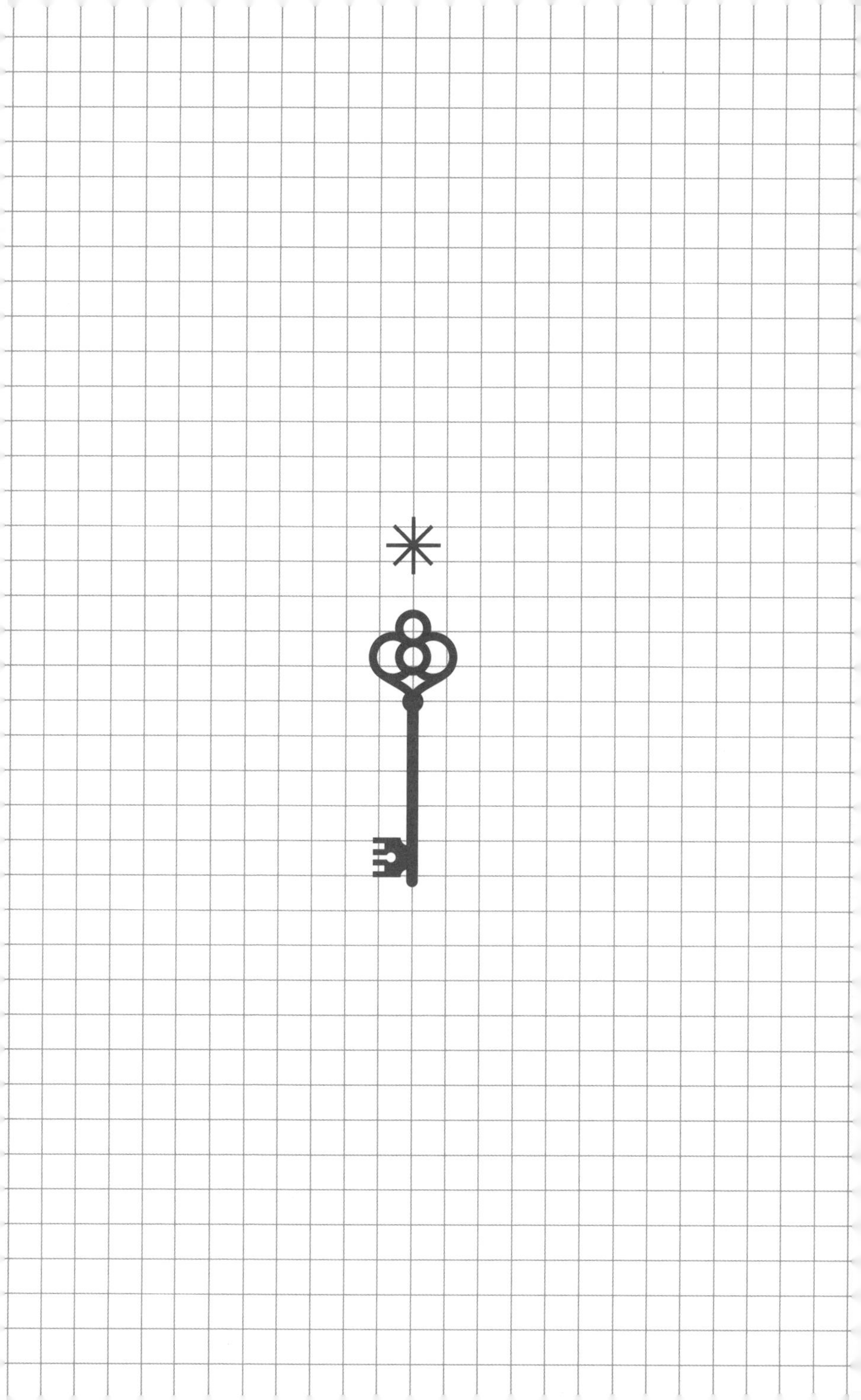

이 시대의 신중년이 사는 법

초판 1쇄 발행 2025년 11월 25일
초판 2쇄 발행 2025년 12월 30일

지은이 더블와이파파
발행인 채종준

출판총괄 박능원
책임편집 양수정
디자인 최가은
마케팅 문선영
전자책 정담자리
국제업무 채보라

브랜드 크루
주소 경기도 파주시 회동길 230 (문발동)
투고문의 ksibook1@kstudy.com

발행처 한국학술정보(주)
출판신고 2003년 9월 25일 제406-2003-000012호
인쇄 북토리

ISBN 979-11-7457-220-2 03190